NOTA DEL AUTOR

Curiosamente siento un placer extraordinario, al comprobar la tranquilidad que me produce el haber podido dar fin a una guerra interna, que bullía dentro de mí. Mi conciencia, peleaba con mi razón, entre si, o no, debía proceder a publicar los razonamientos que en mi autobiografía relato. De alguna forma hoy sé, que para alcanzar el éxito, sólo hace falta, enterrar el miedo, y la cobardía. Porque de ningún cobarde se ha escrito nada, La lucha es vencer, por tanto razonando los motivos que cada persona debe emplear para triunfar en la vida, están ligados a sus necesidades.
Es evidente que razones no faltan, cuando recordamos aquel refrán, que dice. "El que de joven no trabaja, de viejo duerme en paja". O ese que también dice "El tiempo es ORO, no lo malgastes".
También quiero recordar a todas las personas que conmigo hemos recorrido buenos y malos ratos, por lo que les guardo, un gran afecto, y reconocimiento, y cuando lean estas páginas, revivan aquellos momentos, que hicieron posible, a

mi lado, la revancha de saberse poseedores, de una grandeza infinita.

También quiero agradecer la colaboración que me ha facilitado D. Antonio Morales Gordo, ayudándome en la realización de su contenido. Muchas gracias NONO,-

        Dedicado a mis tres hijos y Esposos

        Federico Montilla Luna y Begoña Gracia Zapata
        Ana Montilla Luna y Antonio Morales Gordo
        Inmaculada Montilla Luna y Enrique Villegas Mtez. Del Cerro

INDICE

CAPITULO 1º.- AUTOBIOGRAFIA DEL AUTOR

CAPITULO 2º.- COMO SE FORMA UN EMPRESARIO

CAPITULO 3º CONOCIMIENTOS DE MERCADO

CAPITULO 4º COMO ACABAR CON EL PARO

PRIMERA PARTE

AUTOBIOGRAFIA DEL AUTOR

Rebuscando en mi memoria los tiempos pasados de mi infancia, recuerdo que mi familia se componía de ocho personas, mis padres y seis hermanos.
Yo era el mayor de los seis, y recuerdo como un día mis padres, hacían con sus dos primeros hijos, un traslado de residencia, de Granada a Córdoba, por motivos del trabajo de mi padre. Mi padre trabajaba en la Azucarera de Granada, que se llamaba San Pascual. Y cuando se inauguró la Azucarera de San Rafael, en Villarrubia de Córdoba, mi padre fue trasladado a Córdoba, para hacerse cargo de un departamento como encargado del mismo.

La Azucarera San Rafael, había construido una barriada en Villarrubia, de Córdoba para dar alojamiento a sus técnicos con sus familias, así como suministro de Luz, Agua, y un pequeño terreno, para cultivar hortalizas. Pero también había construido una escuela, a la que destinaron a un profesor, por cierto muy mayor, y que mas que enseñar, se dedicaba a dormir, D. Juan como así se llamaba, tenía la mala costumbre de castigar a los alumnos, cuando hablaban en clase, o cometíamos algún jaleo, pegando con una correa de cuero que

siempre tenía encima de la mesa, este profesor dejó de dar clase y la escuela se cerró por un tiempo.
Creo que más tarde, destinaron a un matrimonio, que los dos eran profesores, y se llamaban D. Manuel y Dña. Nicolasa. Esto sucedió después de la guerra Civil,

Transcurría el año 1936, y mi padre celebraba el día de su Santo, que era el 18 de Julio, aquel día Santo Federico, con todos nosotros, y con sus amigos en la puerta de su casa. Y cuando ya nos habíamos tomado algunos refrescos, y también alguno que otro baso de sangría, vimos como una caravana de coches militares, que venían de Córdoba, se paraban frente a la barriada de la Azucarera, y empezaban a disparar en dirección nuestra, aquello fue tremendo, todos los que estábamos allí corrimos para escondernos en un campo sembrado de maíz, y después en una casa de campo, donde todos los niños nuestras madres nos escondieron debajo de las camas. Allí estuvimos hasta bien entrada la noche, y después fuimos saliendo con mucho miedo y cuidado, para regresar a nuestra casa. Pero mi padre que junto a otros compañeros, habían buscado otro lugar para refugiarse de los soldados, regresó a casa ya muy tarde.
Cada noche las luces había que apagarlas muy temprano, y durante el día el personal de la

Azucarera, no iba al trabajo, Quedo suspendido el trabajo, y mi padre con toda la familia, se volvió a Granada, donde residían mis abuelos, y los hermanos de mi padre y de mi madre.

Yo ya había cumplido ocho años, y en el pueblo donde vivíamos, también por motivos de la guerra, no teníamos escuela, pero mi padre me daba clase a mí y a mi hermano, las clases consistían, en hacer caligrafía leer, y hacer algunas cuentas como sumar, restar, multiplicar, y dividir. Mi padre recuerdo me compro un libro para leer, que se titulaba < Mi primer Manuscrito>, el libro contenía varios tipos de caligrafía, pero los temas eran muy amenos a titulo de cuentos, cuando alguna vez mis padres me llevaron a Granada, recuerdo que me paraba en los escaparates de las librerías, casi siempre terminaban comprándome algunos libros.
Mi padre, se colocó para trabajar como conductor de un camión, que daba portes suministrando alimentos a las tropas destacadas en Alcalá Real, y cada día hacía la ruta Granada Alcalá Real, y un día, le estalló una bomba que habían puesto en la carretera y le llenó de metralla la parte derecha de su cuerpo, lo que le impidió por un poco tiempo realizar su trabajo.

La familia había aumentado, y ya éramos cuatro hermanos, y en el último año de la guerra, nació la quinta que fue una niña llamada Rosa.

En el año 1940, a mi padre le llamaron de la Azucarera de Córdoba, para que se incorporara a su puesto de trabajo, por lo que de nuevo volvimos a Villarrubia de Córdoba, yo había cumplido 12 años y mi trabajo consistía en cuidar de mis hermanos mas pequeños, así como también en cuidar de unos animalitos para buscarles hierbas y alimentarlos.

Los Domingos los dedicaba con mi padre, a plantar patatas, y hortalizas en un huerto que la Azucarera les daba a los empleados, aquel trabajo, en la crianza de hortalizas venia muy bien para cubrir los sustentos que por aquella fecha no había, y solo podíamos conseguir los más importantes con la cartilla de racionamiento.

Yo ya había cumplido 13 años, y un día mi padre, me encargo llevar a un señor un paquete de semillas, y al pasar por el lugar donde vivía dicho señor, allí estaban construyendo una obra, y yo me paré a ver como trabajaban, abriendo los cimientos. El encargado de la obra, Sr. Ricardo, era empleado también de la Azucarera, y me conocía de nuestra vecindad, se acercó a mí y me preguntó, si a mi gustaría trabajar allí, en la obra. A lo que yo le contesté: "Dígaselo a mi padre, a ver que opina". El Sr. Ricardo habló con mi padre, y me propusieron que yo trabajara de aprendiz, y que me pondrían un sueldo de 8 pesetas diarias.

Este fue mi primer puesto de trabajo. Conforme avanzaba el tiempo, los albañiles así como también el arquitecto, cada vez me apreciaban más, en mi comportamiento y cuando ya la obra estaba a punto de finalizar, el arquitecto me propuso entrar de aprendiz de mecánico en la azucarera, por lo que yo se lo comuniqué a mi padre, y las cosas cambiaron. Mi hermano Manuel, que era dos años menor que yo, fue el que entró como aprendiz de mecánico, y yo entre como ayudante de mi padre, para aprender su oficio en la azucarera, con sueldo más elevado. La fecha de cada campaña, empezaba el 15 de Junio, y terminaba a mediados de Septiembre. En aquel tiempo que yo permanecí, tanto en época de campaña, como después cuando terminaba, me dedicaba a la reparación, y limpieza de todos los aparatos, que se utilizaban para la producción del azúcar. Los departamentos mas importantes de la fabricación del azúcar, empezaban por un departamento que se llamaba lavadero, se encargaba de lavar bien las remolachas, que seguidamente pasaban a unos molinos, en donde se picaban en forma de fideos, y aquella picadura después, pasaba a un departamento llamado difusión, allí entraba la remolacha picada y en unas calderas muy grandes, se inyectaba vapor y se cocía la remolacha, con lo que al cocerse destilaba un sumo llamado jugo, este jugo dulzón pasaba a otro departamento, donde se mezclaba con lechada de cal, y allí cocía durante un tiempo, para a continuación pasar a otro departamento llamado prensas, en dichas prensas, se separaba el jarabe, de la parte de cal que contenía la mezcla, y seguido pasaba a otro departamento, que ya estaba mejor preparado llamados filtros.

Cuando el jarabe había pasado por los filtros, pasaba a unos depósitos, que trabajaban a base de vapor su nombre era Evaporación, allí el jarabe evaporaba mucha parte del agua que contenía, para después pasar por otros mas importantes llamados Tachas. En estos aparatos el jarabe se granulaba, y se formaba una pasta compuesta por el azúcar y la melaza. Para obtener el azúcar, esta mezcla de azúcar y melaza, había que separarla mediante unas turbinas, que girando con la maza dentro el azúcar a mucha velocidad quedaba pegada a una rejilla, y la melaza se filtraba por unos orificios muy pequeños que tenía la turbina, y para que el azúcar no saliera con un color rubio como el azúcar de caña al cerrar la turbina se abrían unos tubos de vapor a mucha temperatura que hacía que el azúcar quedara muy blanca, hecha una plasta como si se tratara de un bloque duro como una piedra.

Aquellas plastas de bloques de azúcar, se transportaban a un departamento, en el que allí se dejaba enfriar. Y una vez fría, aquellas plastas de azúcar, se llevaban a unos molinos que la

trituraban, y ya quedaba en forma te terroncitos llamada azúcar de pile.
Allí se envasaba en sacos muy finos, y directamente iba a la báscula, y se pesaba en 60 kilos cada saco, y estos sacos después se enviaban a un almacén, en donde se apilaban unos sobre otros, formando un bloque que podían contener miles de sacos cada bloque.

El azúcar durante el año, se estaba exportando en trenes, y multitud de camiones que acudían a cargar cada día.

El departamento donde yo trabaja acompañando a mi padre, se llamaba Secadero de Pulpa, allí todas las raíces que la Difusión una vez extraído el jarabe de la remolacha, eran enviadas al secadero. Dicho secadero se componía de un Horno, que utilizaba carbón de piedra, un tambor de unos 5 metros de diámetro por 25 metros de largo, y montado sobre unos rulos muy gruesos y potentes que soportaban un peso de varias toneladas donde el tambor giraba a una velocidad lenta, y al final del tambor había un aparato con unos ventiladores muy grandes y potentes, que aspiraban el color del horno y lo pasaban por el interior del tambor, que giraba a una velocidad lenta, la raíz o pulpa sin secar entraba en el tambor, por la parte que se unía con el horno, el ventilador de atrás arrastraba a la pulpa hacía el interior del tambor, y allí, a una

temperatura en la entrada del tambor de 800 grados que medía el termómetro, daba en pocos minutos tiempo para que una vez seca subiera a la parte mas alta de los ciclones, y otro ventilador la enviaba al almacén, en donde se recogía en sacos, con un peso de 40 kilos, en el almacén se apilaba para después venderla a los ganaderos para pienso del ganado.
El trajo en este departamento era muy esclavo, y había que soportar en los meses de Julio y Agosto, unas temperaturas insoportables, aparte del riesgo que corría un descuido en la regulación de las temperaturas del horno, con el tambor, porque en cualquier momento, podía prender fuego en el interior del tambor, de forma que la vigilancia era extrema sobre todo con los termómetros que tenía instalados a lo largo del recorrido de la pulpa.

Mi padre insistía en que yo aprendiera el manejo de aquel secadero, así que en los tres años que trabaje como ayudante suyo, el estaba seguro que mi futuro estaba en seguir en la azucarera como un empleado técnico, y con una plaza fija, como a el le había ocurrido cuando su padre, my abuelo también lo enseñó a el. Pero a mi no me terminaba de gustar. Y un buen día me enteré que se habían publicado una promoción en la RENFE de soldados para hacer el servicio militar, como Movilización en prácticas y una vez terminado el servicio militar, pasaban a ocupar una vez formados bien en la categoría de factores, Jefes de tren, maquinistas, etc.

Hable con mi padre para convencerle que yo ya estaba pendiente de hacer el servicio militar, y que podía intentar ver la forma de hacer el servicio militar en Movilización y Practicas de RENFE, no lo vio como una solución a mi futuro, ya que el quería a toda consta, que yo donde debía estar era en la Azucarera.

Al final tras mucho suplicarle mi deseo, consintió otorgarme el consentimiento paterno, un documento imprescindible, para poder unirlo a los demás documentos que exigían y sufrir un examen en RENFE para poder ingresar.

Cuando había conseguido reunir todos los documentos, los envié al destino pedido y a los pocos días, recibí la notificación para efectuar el examen en la estación de RENFE de Córdoba, junto con otro amigo, hijo de un factor de Villarrubia, en el examen se pedía pruebas de Geografía he Historia y matemáticas, mas un dictado de un folio.

Esperando los resultados, al poco tiempo recibimos una notificación, en la que nos comunicaban que habíamos aprobado, pero sin plaza. Aquello no terminó de gustarme, y como los documentos presentados nos los devolvieron a los pocos días, no habían cumplido la fecha, de caducacion por lo que sin consultar mas con mi padre, rompí la instancia de solicitud a RENFE y la reemplace por otra dirigida a la Región Aérea del Estrecho, solicitando hacer el servicio militar, como voluntario en el Ejercito del Aire. Cursé la instancia, y como a los dos meses, me citaban en Sevilla en la plaza de España para un reconocimiento médico, se lo dije a mi padre, y le falto poco para que le diera un ataque, no le gustaba nada que yo fuera voluntario hacer el servicio militar al Ejercito del Aire.

Recuerdo que cuando era pequeño, los juguetes que más me gustaban eran los aviones, los construíamos con trozos de madera, le poníamos sus hélices y con ellos corríamos para ver como las hélices daban vueltas, siempre aquello me gustaba desde que era muy pequeño.

El día uno de Septiembre del año 1949, me incorporaba en Granada como recluta para hacer el servicio militar en el Ejercito del Aire. Tras el periodo de instrucción, el 20 de Noviembre, juraba bandera, y era destinado al 12 Regimiento, 15 Grupo de Fuerzas Aéreas.

En los ejercicios de tiro, fui seleccionado para formar parte de una patrulla de tiro, que se formaba para las competiciones Regionales y también Nacionales.

El destino que me asignaron fue en un polvorín, que había dentro de la Base, y que por aquella fecha tenía que estar muy vigilado, por los robos que los maquis hacían, por lo que mi compañero de destino y yo, compartíamos la noche en dos turnos para que uno siempre estuviera en la garita con el oído puesto, para alertar caso de oír ruido a la patrulla de noche.

Una noche sobre las tres de la madrugada en mi turno de vigilancia, escuche como trataban de abrir las puertas del polvorín, sin más saque el fusil por la ventanilla de la garita, y efectué varios disparos, y al momento apareció el coche de la patrulla y bajamos al polvorín. y vimos como habían intentado abrir la puerta, el capitán de mi compañía me propuso una semana de permiso por mi buen comportamiento.

La vida en el polvorín la dedicaba a estudiar, porque un compañero mío me dijo que el se quería presentar para Especialista de Aviación, y el me animó para que yo también me presentara, para lo cual un sargento Especialista, nos daba clase todas las tardes en su casa, y el nos preparaba para los exámenes que se realizaban en Málaga. Por lo que presentamos y cursamos la instancia, para los exámenes que se efectuaban por el mes de Mayo.

La Escuela de Especialistas siempre había estado en Málaga, pero en el año 1950 la trasladaron a León un pueblecito llamado La Virgen del Camino, así que después de los exámenes esperamos los resultados.

Mi compañero había suspendido, y yo había aprobado, con el número 36 para la especialidad de Armero Artificiero, y debía incorporarme para empezar el curso el día uno de Septiembre, pues aquello me llenó de ilusión, porque los aspirantes que nos presentamos fueron unos 4000, para 200 plazas y el examen tanto el práctico como el teórico fue muy duro.

El día uno de Septiembre hice mi ingreso en León Virgen del Camino en la Academia de Especialistas, fui destinado a la tercera Compañía de Alumnos para empezar un periodo de instrucción, y formación que duraría dos años.

Las clases empezaron dos días mas tarde, y en la primera hora dábamos matemáticas con un profesor Comandante de vuelo llamado D. Enrique Tapias, Además dábamos, teórica Militar, y por la tarde instrucción, así hasta la jura de bandera. El primer trimestre, nuestro profesor de matemáticas, suprimió los libros de aritmética y geometría y directamente empezamos con el algebra y trigonometría, y los alumnos que no aprobaron dichas asignaturas, fueron dados de baja, y a primeros del año 1951 ya empezamos a dar clases de armamento y explosivos, y en clase física química y balística, y por las tardes empezamos a efectuar vuelos y practicas de tiro aéreo, La física fue una asignatura muy dura, por un profesor Ingeniero aeronáutico, se llamaba de apellido Turiel. Tanto es así que se le compuso una poesía que decía así:

LA FISICA

La física es un lamento
Que el alumno aterrado lanza,
Si la formula no alcaza
Para hallar el movimiento,
Y lo que falla es el tiempo
Y en el espacio se atranca.

Es porque contempla aterrado
Que con ritmo acelerado,
Se acerca un cero corriendo
Y va a quedar estampado,

Al coeficiente del péndulo.

Tensión, Calor, Vapor,
Mercurio a nivel del mar,
La ley de Gay-Lussac, la de
Mariotte y Kirchhoff todo se
Mezcla en su mente, y se
Combina en su tormento.

Y al final hay un suspenso,
¡Hurra alumno luchador!
Que el vencer es estudiar,
Y en el examen final,
¡Allí que te ayude Dios ¡
Porque tu profesor Turiel
No lo hará.

Las clases se dividían en teóricas y practicas, sin olvidar los Sábados la instrucción, y las marchas militares, así pasaron los dos años de curso, y el 15 de Julio del año 1952, nos entregaban los Títulos y poníamos rumbo cada uno al destino que había elegido, yo fui a Morón de la Frontera, para hacer la presentación ante el Teniente Coronel Senrra. Que mandaba el Ala de Caza compuesta por los aviones de Caza Fiat.

Mi destino fue el departamento de Armamento, que lo mandaba el Teniente de Armamento Don F. Aguirre, y la plantilla de Especialistas en Armamento la componíamos unos seis Armeros.

En Morón estaba la Escuela de Vuelo de Caza, y la componían unos 60 aviones Fiat de
Origen Italiano, que habían participado en la guerra civil del 36. Estos Cazas estaban dotados de dos ametralladoras, montadas en el capot sobre el motor, y disparaban sincronizadas a trabes de la hélice. Y conforme se daban de baja en vuelo, por problemas técnicos, o bien por que sufrían averías gordas, había que desmontar las dos ametralladoras del calibre 7,7 Breda para reparar si tenían alguna avería, y enviarlas a la Maestranza de Sevilla, donde estaba el control del armamento regional.

Aquí presento mi primera tarjeta de identidad de la Base Aérea de Morón. En el mes de Enero del 1953, fui convocado para realizar el curso del avión

de reacción T-33 en Talavera La Real en Badajoz. De Morón solo fuimos dos los convocados Vicente González Aleza, y yo
El curso lo daba un profesor militar americano todo en ingles y un traductor español nos traducía lo que el profesor americano, decía, sobre la pizarra explicaba sobre los componentes del armamento, que era nuestra especialidad, Una vez terminado el curso, nos entregaron los títulos, y el Comandante Jefe, nos reunió para darnos a conocer los destinos que solo podíamos elegir. El Avión T-33 era de reacción y como avión de entrenamiento, también fueron un grupo de pilotos para formarse por ser el primer avión de escuela y entrenamiento que los americanos trajeron a España. Así pues tanto los pilotos, como los especialistas, solo podíamos pedir a los siguientes destinos, porque eran los lugares donde llegarían los aviones F-36 Sabre Torrejón de Ardoz Madrid, Reus, y Zaragoza,

CAMBIO DE DESTINO

No teníamos idea de cual de los lugares era el más conveniente, y ante la duda pensamos mi compañero y yo, en echarlo a suertes. Hicimos tres bolitas con los nombres de cada lugar, y sacamos una de las bolitas, y nos mandaba a Reus, Preparamos nuestros equipajes, y pusimos rumbo a Reus. Hicimos la presentación reglamentaría, y fuimos destinados al 23 Grupo de Fuerzas Aéreas, todo estaba preparado para recibir los nuevos aviones, la pista los Barracones, el taller de Mantenimiento, menos el Polvorín que estaba pendiente de un saneamiento, y adaptación para la nueva munición que habría que alojar en el mismo. Así El Capitán D. Antonio Aleu Pandrey me encargó para realizar una limpieza de material caducado tanto en bombas como en artificios que estaban caducados, y había que destruirlos mediante explosiones controladas, fuera de lugares donde no hubiera edificios o personal.

Cuando todo estuvo terminado pasé al departamento de Armamento, para clasificar el repuesto que en el almacén había estado pendiente de dicha clasificación.

El Capitán Aleu era el profesor de vuelo para los alumnos Pilotos del Real Aero Club de Reus, y yo fui propuesto para hacer el curso de Piloto Civil por el Real Aero Club de España por medio de una beca que me concedió el Presidente del Real Aero Club de España, y empecé mis clases el 17/9/1954 y terminó el curso el 11/10/55. La avioneta que teníamos para entrenamiento era una Piper Cub H B O F T Suiza de doble plaza.

A continuación:

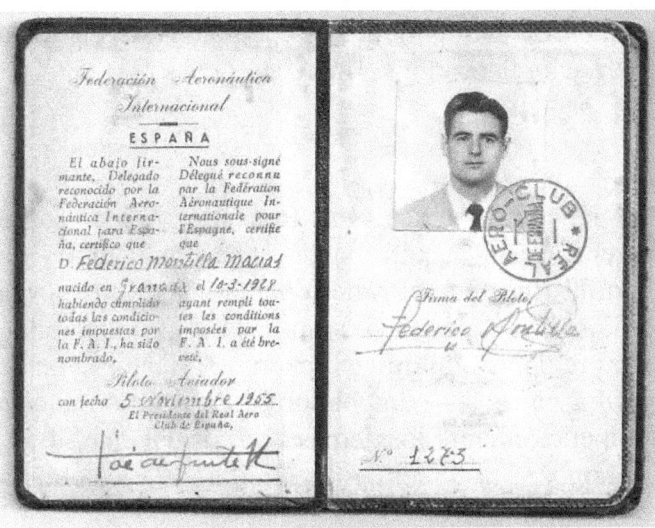

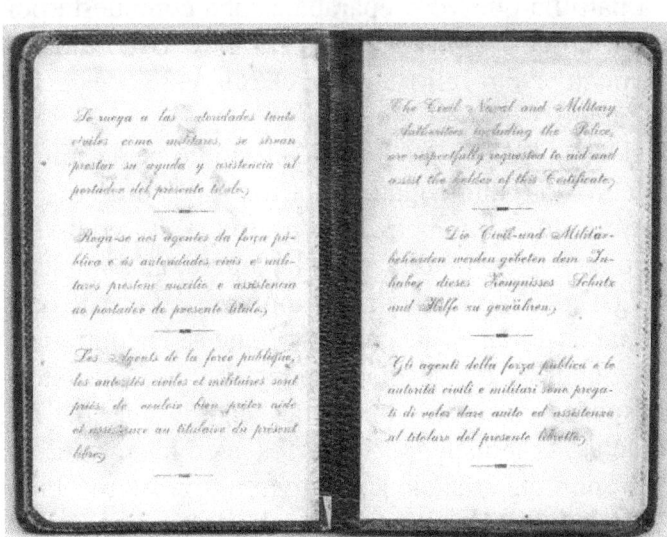

Este es el Título que la Federación Aeronáutica Internacional otorga al finalizar el curso

Durante mi estancia en Reus, participe como entrenador en la patrulla de tiro competición de Patrullas militares, Primero había una competición Regional, si se ganaba, se pasaba a otra Nacional, siempre dentro del mismo cuerpo Aviación, y si se ganaba entre las competidoras. Pasábamos a otra competición entre los demás cuerpos del ejercito.
Llegamos a la tercera competición, y se celebraba en Cartagena.
La patrulla que yo preparaba estaba compuesta por Un Capitán, Don Nicolás Torrente Secorum, el Teniente Don Julio Cid, y el Sargento Desiderio Medrano. Más un Cabo 1º
Y doce soldados. Y el día 22 de Junio de 1956.- se celebró el campeonato de tiro, que consistía en correr dos kilómetros con todo el equipaje, cartucheras, y fusil y toda la munición completa. Llegar al polígono de tiro, tumbarse en el suelo, y disparar al blanco de cada uno, que se encontraba a 200 metros de distancia, durante dos minutos. Después los jueces recorrían cada una de las siluetas, contaban los impactos recibidos, para su posterior clasificación. Obtuvimos en el recuento 257 puntos, y nos clasificamos como Subcampeones Nacionales, por la escasa diferencia

de dos puntos menos, los campeones obtuvieron 259 puntos, Aquí presento la fotografía del equipo mostrando la Copa de subcampeones de España en manos de nuestra madrina de la patrulla, señorita Dña. Paquita Luna Ortiz. En Cartagena.

PATRULLA DE TIRO CON TROFEO DE SUBCAMPEONES

Una vez finalizado el curso de piloto, fui propuesto para realizar en Madrid en la Escuela de

Especialistas de Transmisiones en Cuatro Vientos el Curso de Fundamentos de Electrónica B.O.A. nº 144 del día 13 de Diciembre 1956.

Este curso nos capacitaba para seguidamente regresar a los EEUU; para seguir ampliando conocimientos sobre, el material moderno de armamento que los nuevos aviones de combate llevaban instalados.

Cada día esperábamos la orden para emprender la marcha, y estábamos totalmente sujetos sin poder disponer de nosotros en cuanto a cambios de destino, y otras tareas.

Había pasado un tiempo de espera sin tener noticias de el traslado a los EEUU, y para nosotros resultaba un poco sospechoso el que no hubiera ninguna orden que motivara la espera que estábamos soportando, y ante esta intranquilidad, un compañero nuestro contactó con otro que también estaba en la misma situación, y le dijo que de momento se suspendían los cursos en el extranjero, pero que posiblemente los cursos los realizaríamos en Alemania, o quizás en otro país, pero que no se sabía fecha ninguna para el comienzo de los mismos.

Ante esta situación, y sin pensarlo dos veces, solicito destino al 25 Ala de Bombardeo que estaba en Tablada Sevilla.

Polígono de tiro. Vista de los blancos a 200 metros

Grupo de Armeros Artificieros en Curso Electrónica en Escuela de Transmisiones

Foto mía en el aula de electrónica

Finalizado el curso, y teniendo conocimiento de que los aviones de reacción no van a venir a Reus, solicito destino al 25 Ala de Bombardeo Ligero, y el día 30/05/58, soy destinado por el B.O.A. n° 66 al 25 Ala de Bombardeo Ligero.
Incorporado a mi nuevo destino, soy destinado en comisión de servicio a la Base Aérea de Gando en las Palmas de Gran Canarias. Desde el 10/10/58 al 03/02/59.
Terminada mi comisión de servicio. Soy nombrado alumno para realizar el curso de Ametrallador Bombardero, por el B.O.A. n° 30 de fecha 10/03/59

en la Academia General Militar de Alumnos de San Javier.

Una vez finalizado el curso, se me concede el titulo de Ametrallados Bombardero, en el B.O.A. nº 67 y fecha 04/06/59.

El día 01/07/59, solicito permiso para contraer matrimonio con mi prometida Doña Concepción Luna López, y el día 05/07/59 se celebra la boda en Villarrubia de Córdoba y disfruto de un mes de vacaciones, en viaje de novios, visitamos familia en Granada, Madrid, y Zaragoza , Reus, Tarragona, Valencia Córdoba.

Terminada mi luna de miel, soy nombrado alumno, para realizar el curso de Aptitud O.C. 29/07/59 B.O.A. nº 72 de fecha 01/08/59. y el curso da comienzo el día 12/09/59 en la Escuela de Especialistas de León .
Con fecha 09/01/60, en el B.O.A nº 4 y con O.C.08/01/60, se me concede la aptitud para el ascenso a Sargento.
Con fecha 06/12/60, B.O.A. nº 146 y O.C. de 03/12/60, soy ascendido al empleo de sargento Especialista Armero Artificiedro..

Por motivo de mi ascenso quedo disponible en el Ala de Bombardeo nº 25, y espero que se publiquen las vacantes en los Grupos de Bombardeo o bien

Caza, por lo que con fecha 31/01/1961, en el B.O.A. nº 13 O.C. 30/01/61 soy destinado al 7Ala de Caza en el Copero Sevilla.

Los aviones que componen el Ala de Caza son los Meiseresmit Bf-109-6 y la plaza que yo ocupo es la de mecánico de Visores para el mantenimiento y reparación de los visores que el avión lleva instalados.

El piloto un a vez encendido el visor para realizar la puntería sobre el blanco, ha de guiarse por un retículo luminoso que se proyecta sobre el plástico que cubre la cabina, y es de una precisión de seguridad total.

El Meiseresmit, se fabricaba en Construcciones Aeronáuticas de Sevilla, pero los dos cañones que llevaba en los planos Hispanos Suiza de 20mm, había que montarlos en la Base del Copero. Allí se acoplaban en los planos también los desintegradores que se encargaban de alimentar el cañón en funcionamiento de tiro, y a su vez se instalaba el visor en la cabina del piloto. Así después se llevaba a la galería de tiro, y se probaban los cañones y su regular funcionamiento.

Unos 30 aviones fueron enviados a Gando en las

Palmas de Gran Canarias, y con ellos fuimos destacados por un tiempo tanto Pilotos como los Especialistas que cubríamos su mantenimiento. Se les acoplaron en cada plano dos Lanza cohetes, El motor que llevaba era muy potente 3600 Hp Rolls Royce.

Su origen parte desde la guerra Civil, y su construcción es Alemana, la única pega que este caza tenía es que su coeficiente de planeo era muy alto, y entraba a tomar tierra a mucha velocidad, por lo que el piloto tan pronto levantaba el morro perdía de vista la pista de aterrizaje y solo se orientaba por el costado del avión, dando lugar a correcciones bruscas, si se lograba llegar a tierra poniendo las ruedas en el suelo y no subiendo el morro hasta haber perdido parte de la velocidad de entrada, entonces la toma era mas suave y menos peligrosa.

Grupo compuesto por pilotos y especialistas del 7 Ala en Gando

Con fecha 19-01-62, soy destinado en comisión de servicio al 72 Escuadrón de FF,AA.

Mi estancia en este grupo en Gando fue por un año, y el día 26 de Octubre del año 1962, termina la comisión de servicio Incorporándome de nuevo a mi destino el 7 Ala de Caza y Bombardeo, regresamos a Sevilla con mi esposa y mi primer hijo en un avión DC-3, y también algunos mecánicos y pilotos que habíamos cumplido el tiempo señalado por el mando.

Por esta fecha solicito al ministerio del aire pasar a la situación de disponible, para ingresar en Iberia como segundo Piloto, en transporte, y envío los documentos que me pedían.

Certificado de las horas voladas, expedido por el Coronel Jefe de Vuelo, y los cuadernos de navegación.

El tiempo que me pedían permanecer como segundo piloto en transporte, era de cinco años, y una vez cumplidos, pasaría a comandante como primer piloto al transporte de viajeros.

Pasaron varios días, y el Ministerio del Aíre me devolvió todos los documentos, con un escrito en el que me decían, que por haber efectuado cinco cursos especiales, debía permanecer en el ejercito en activo durante diez años más.

La noticia me dejó helado, ya que mis planes los tenía marcados para realizar uno de mis grandes sueños.

Mi ánimo no decayó ni mi afición a volar, lo realizaba con frecuencia en el Real Aero club de Sevilla.

Documento de Identidad Militar

Año 1965 por escrito nº 2262-C se me comunica excedente de plantilla en el Ala nº 7. Por orden de Exmo.Sr Tte General Jefe de la Región Aérea del

Estrecho, en telegrama postal n° 5510 de fecha 19-06- 65, y comunicado por el Exmo. Sr. General Subsecretario del aire de la Dirección General de personal 3ª sección en escrito n° A-1786 de fecha 12-06-65.
A las ordenes del Exmo. Sr. Ministro del Aire. Por disolución del Ala 7 comunicado por Exmo.Sr. Tte. General Jefe del Estado Mayor del Aire
N° 1267-P de fecha 26-11-65.

Año 1966,soy destinado al 27 Ala de Bombardeo en Málaga B.O.A. n°-9 de fecha 20-01-66 O.C. de fecha 19-01-66.

Los ejercicios de Bombardeo en Cerro Mariano Córdoba, son muy continuos, así como también en Zaragoza, en los Monegros, Y los ejercicios de manga remolcada, en Santiago de Compostela, Cadiz, y Tarragona con Base en Reus.

1968 Como continuación a la orden Ministerial n° 2737/67 de fecha
30-11-67 B.O.A. n° 145 se me confirma el destino como Ametrallador Bombardero de plantilla en el 27 Grupo de FF.AA B.O.A. n° 13.O.C. 29-01-68. En uno de los ejercicios que hicimos en Santiago de Compostela, una vez finalizado de regreso a Málaga cuando llevábamos unos 40 minutos de vuelo.

Encontramos un frente de nubes y el piloto trató de coger altura para sobrevolar la maza nubosa, pero una vez que alcanzamos los 3000 metros la maza nubosa se intensificó cogiendo una altura muy superior, así que entramos en nubes y nos encontramos con que en los planos empezaron a

formarse placas de hielo, y los movimientos cada vez eran más fuertes con lo que los aparatos de navegación dejaron de funcionar, sin rumbo determinado ni radio estuvimos volando esperando encontrar un claro para poder perforar y orientarnos para saber donde estábamos.

El milagro se hizo cuando pudimos ver un claro y por allí entramos y nos dimos cuenta que estábamos sobrevolando Valencia, así decidimos seguir mediante navegación estimada toda la costa hasta llegar a Málaga. El avión que llevábamos era un avión de bombardeo Heinkel 111.-

AVION HEINKER 111.

Este avión participo en la guerra Civil Española su origen es de fabricación alemana.

Con tres aviones como este participamos en el rodaje de la película < PATON > que se rodó en Almería, allí fuimos por un mes al aeropuerto de Almería y todos los días volamos bajo la dirección del director de la película sobre el valle del río Andarás,
En algunas escenas, el vuelo consistía en defendernos de escuadrillas de aviones enemigos, y otras veces en que nosotros atacábamos a las escuderillas de tanques que simuladamente se encontraban en el valle del río Andarás. Tanto pilotos como Especialistas estábamos alojados en

el Gran Hotel junto a la playa. Esta película recibió el premio de siete Óscar.

Los tres aviones, estaban pintados como si en verdad fuesen los que los alemanes emplearon en la segunda guerra mundial. Y las escenas corresponden a las batallas que los alemanes sufrieron en el norte de África por el General PA´TTON.

Patton un filme con excelente acogida, entre la critica que cosechó además de siete "OSCAR" en el 1970 (incluido el Oscar a la Mejor Película). Es un apasionante retrato de uno de los más grandes genios militares del siglo XX. George C, Scott consiguió uno de los siete OSCAR por su magnifico retrato de George Patton , el único General aliado verdaderamente temido, por los pilotos Nazis. Patton, un personaje carismático y extravagante, que diseñaba sus propios uniformes, utilizaba revólveres con cachas de marfil, y estaba convencido de que había sido un guerrero en encarnaciones anteriores, demostró ser mejor estratega que Rommel en África, y después del día D, condujo a sus tropas en una campaña imparable a través de toda Europa.
Pero su genio, tenía una faceta más oscura y rebelde, y como este filme muestra, con

perspicacia y emoción, su propia personalidad, fue un enemigo que Patton nunca logro dominar.

Después de terminar el rodaje de la película en

Almería, regresamos a nuestro destino en Málaga y seguidamente partimos con tres aviones para Zaragoza, para realizar unos ejercicios de bombardeo en los Monegros, Donde se hicieron pruebas de bombardeo en un campo de tiro a diferentes alturas. Pasamos quince días muy distraídos y no faltaron nuestras visitas al Santuario de la Virgen del Pilar.

De nuevo en Málaga, y no faltan maniobras conjuntas con la marina de guerra, en aguas de Cádiz .

En una de ellas pusimos rumbo a Cádiz y el barco con el que debíamos realizar los ejercicios se encontraba como a 150 millas de la costa mar a dentro, y el ejercicio consistía en que el avión nuestro, soltaba una manga de color rojo, y parte de ella metálica, con un cable de 2000 metros, que remolcamos según el rumbo que el barco nos trazaba, y desde el barco los marineros artilleros, disparaban a la manga con fuego real, por lo que la dispersión de tiro era muy abierta.

En una de las maniobras que realizábamos, a la altura de unos 1000 metros. El motor derecho del avión, dio una explosión tremenda, y muy rápido cortamos el cable de la manga, y pusimos rumbo a

Jerez de la Frontera, preparados para si en cualquier momento en el motor se prendía fuego, lanzarnos en paracaídas al mar con una lancha inflable, y pedir SOS, al barco que observó el percance.
Fuimos perdiendo altura con mucha precaución, llegamos a la base Aérea de Jerez rozando las copas de los árboles y todo estaba preparado en la pista para el inmediato aterrizaje. Por suerte, dando gracias a Dios regresamos en otro avión a Málaga.

Con fecha 25 de Septiembre 1967, ingreso en el hospital miliar de Málaga, para ser intervenido. Con fecha 2 de Octubre soy operado de Vesícula biliar, y el día 21 de Octubre soy de alta quedando en convalecencia durante 15 días más. El Comandante Médico Cirujano D. Manuel López Astray.

Con fecha 5 de Diciembre de 1970, OM. nº 3016/70 BOA nº 147 con antigüedad del día 3-12-70 Se me concede el ascenso a Sargento 1º continuando en el mismo destino.

Año 1971 por disolución del Escuadrón de Vuelo según escrito de S.E. Sr. Ministro de Estado Mayor escrito nº 1359-P-C Madrid 11-08-71 D.O. de S.E. El Jefe de Estado Mayor del Aire .

Destinado 1971 al Ala nº 22 en Jerez de la Frontera, y al 205 Escuadrón B.O.A. nº 134 de 9/11/1971 y O.C. 5/11/71.
En el B.O.A. nº 125 de 17/10/74 se me concede la medalla Cruz de la Constancia.

Con fecha 9/9/74, solicito dos meses de licencia por asuntos propios. Y terminados los dos meses solicito pasar a Complemento.

En el B.O,A. nº 17 de fecha 08/02/75, paso ala situación de <Retirado> Pasando a formar parte de la Escala de Complemento en situación de <Disponible> en la Segunda Región Aérea . Por el Consejo Supremo de Justicia Militar.

Fijo mi residencia en Granada, dando conocimiento al Mando Militar de la Base Aérea de Armilla GRANADA, para estar en contacto, por si tengo que incorporarme de nuevo al estar en estado disponible.
La vivienda que ocupo es propiedad de D. Felipe Gómez Guillen, situada en Santa Bárbara nº 18
Lo primero que hago es buscar colegios para mis tres hijos, Mi hijo Federico se matricula en el colegio EL AVE MARIA. Ana e Inmaculada se matriculan en el colegio de LA SAGRADA FAMILIA.
FEDE, termina sus estudios con la carrera de Derecho,

ANA, termina sus estudios haciendo Graduado Social.

INMACULADA, se inclina por la informática, continuando colocándose en la especialidad de Seguros, y realizando un curso de Seguros Superiores. En la actualidad sigue trabajando en la especialidad de Seguros.

En el año 1980 decido montar una Cafetería Heladería en la plaza Menorca, que se pone al frente de ella mi esposa Concepción, la Cafetería recibe el Nombre de GONDOLA. En la cafetería trabajan tres camareros Antonio, Conchi, y Juan. Y permanece como cafetería durante diez años, por motivos de jubilación, es traspasada a D. José Mariscal, y es transformada en Charcutería.

Sigo mi afición aeronáutica volando en el Aero Club de Granada, junto al profesor de vuelo Coronel piloto D. Cecilio Rodríguez López, con quien me une una gran amistad, y así realizamos varios viajes juntos a diferentes aeropuertos. Pasan los años y terminamos nuestra vida aeronáutica. Como presidente actual del Aero Club es D. Luis Curiel. En la actualidad continúo siendo socio honorífico del Real Aero Club de Granada.

Fotografía de un grupo de pilotos junto a nuestro presidente D. Luis Curiel

Con frecuencia el Real Aero Club de Granada, organizamos comidas y reuniones para hermanar el buen compañerismo que vive entre los pilotos de nuestro Aero Club, y con ello los nuevos alumnos se asocian, y la afición a volar cada día es una realidad. Algunos de ellos son propietarios de su avión, como nuestro compañero, D. Antonio Jiménez Carmona, y D. Manuel Echevarria,

Para los pilotos que mantienen al día sus practicas de vuelo, el Real Aero Club, tiene una avioneta que se llama EC—DNN, y que para utilizarla, se compran unas horas de vuelo, y con ella realizan vuelos particulares, y mantienen su licencia de aptitud al corriente por un tiempo de dos años hasta su nueva renovación. Yo he mantenido mi aptitud en vuelo hasta última hora, que por prescripción médica no me fue renovada la licencia de aptitud. Lo que ahora para poder volar he de hacerlo en compañía de otro compañero que mantenga su aptitud vigente.

El volar ha sido siempre para mí, mi verdadera vocación, y a pesar de algunos sustos que el volar comporta, después reconozco, que cuando estas en el aire, y manejas los mandos de un avión, a unas alturas desde donde lo de abajo te parece tan pequeño todo que te creces en la vanidad de la persona, disfrutando, del placer, que solo se siente en este oficio. Creo que si las águilas, o otras aves que vuelan pudieran hablar, lo dirían de la misma manera.
Hoy no solo se vuela por placer, ya que esta necesidad se ha convertido en el medio de poder viajar, de un continente, a otro, en tiempos record, en pocas horas se cubren trayectos de largas distancias, tanto de día como de noche, con una seguridad increíble y llevando a bordo una cantidad de personas inmensa. Hoy tenemos un avión de

pasajeros que se le conoce como el: A-380, con capacidad para 500 personas, con un acondicionamiento maravilloso, para que las personas que lo ocupan, puedan disfrutar durante el vuelo de todas las comodidades posibles.

En el terreno de la aviación militar, los avances técnicos, son una verdadera maravilla, ya que pueden alcanzar velocidades superiores al sonido, y alcanzar unas alturas superiores a los 14.000 metros en tiempo de menos de un minuto. Están equipados con unos sistemas de navegación, que nunca nos lo podíamos imaginar, lo que hace que el personal de vuelo pilotos y especialistas, tengan mucha más seguridad que teníamos los que vivimos otros tiempos.

Volar, Volar, Volar, el ser humano cada día experimenta nuevas maneras de volar, se ha conseguido que en un tiempo record, hayamos pasado de los nuevos vuelos en globo, y dirigibles, a los vuelos interplanetarios, supersónicos, y también se ha conseguido poner los pies en la luna, se piensa, y se cree, que un día el ser humano podrá viajar por el espacio, y visitar planetas, nuevos, que puedan dar origen a poderlos habitar. Pues ya algunas empresas hacen proyectos, para incorporar en la Luna, estaciones de producción de energía eléctrica, y mandarla a la Tierra por medio de rayos laces. Los descubrimientos que los nuevos telescopios están aportando, a la ciencia, han demostrado que el universo puede ser la gran aventura que los científicos desean poner en la puerta de la ambición del hombre, y viajar algún planeta en un futuro, resultará tan fácil y censillo, como hoy viajamos de un continente a otro, en cuestión de horas, con las mejores comodidades. ¿Quién podía suponer que en pocos años el trasporte de un lugar a otro, se iba a realizar a las velocidades que hoy se hace?. Si esto se lo hubieran contado a mi abuelo, pensaría que le estaba hablando un loco. Ya los trenes de viajeros no van a velocidades de 60, o de 80 kilómetros, como hace 50 años, hoy los trenes como los AVE, lo hacen a 280 kilómetros y más, lo que suponemos el avance que la industria aeronáutica, cuando pasen otros 50 años puede haber conseguido, ya se proyecta construir hoteles en el espacio, y que los turistas con posibilidades, hagan su viaje al espacio, y allí pueda permanecer un tiempo para experimentar como es la vida sin estar sometido a la gravedad de la tierra, también contemplar desde lejos como se ve el universo.

Nuestra imaginación vuela, sueña, y promete cosas de una fantasía preciosa que en los ratos de más optimismo estos sueños los deseamos y los modelamos según nuestras posibilidades. Los seres humanos a lo largo de los tiempos hemos realizado sueños imposibles, y se han descubierto millones de productos que sin la investigación y la

constancia nunca hubieran aparecido, tanto en lo que afecta a nuestra salud, como a la forma de vida que hoy podemos disfrutar. Pero aun seguimos, y vendrán nuevas generaciones, que lo que hoy es una novedad, mañana habrá quedado antiguado, y es por esto que yo deseo, que con nuestro esfuerzo pongamos nuestro granito de arena y ayudemos con optimismo en seguir aportando con nuestra ayuda el pequeño eslabón a que aquellos que nos sigan en la vida encuentren este Planeta que habitamos como la casa que siempre hemos deseado. Limpia y ordenada.
Cada día encontramos en las grandes ciudades, unos índices de contaminación atmosférica, que las autoridades aconsejan no salir de casa, o bien hacerlo con una mascarilla. Encontramos muy cómodo, salir del trabajo y coger el coche para regresar a casa, y son millones de coches los que diariamente se están moviendo por todo el mundo. ¿Alguien ha pensado si esto más pronto que tarde nos pasará factura?,
Si ya lo estamos viendo, el sistema climático está cambiando, la prueba la tenemos cuando vemos como están ocurriendo desastres, que arrasan, ciudades y campos, y las personas mueren como chinches, dejan desgracias que no se peden reparar, y el origen de todo ello, no nos paramos a pensar como podemos evitarlo.
Diariamente se están sacando del centro de la tierra, millones de toneladas de petróleo, que son

quemadas y estas toneladas se convierten en gas. El petróleo lo medimos en toneladas, pero cuando se han quemado ya no pesan nada son gases que emitimos a la atmósfera, con esta teoría vamos cada día, mes y año, dejando al planeta llamado tierra en una disminución de su peso especifico, ya que las toneladas las hemos transformado en gases, sin peso.

NEWTON.- dijo que los planetas gravitaban entre si, según su volumen y peso, y cada uno de ellos ocupaba el lugar que en su formación habían tomado en el sistema planetario.

La primera ley de Newton, nos dice que para que un cuerpo altere su movimiento es necesario que exista algo que provoque dicho cambio. Ese algo es lo que conocemos como *fuerzas.-* Estas son el resultado de la acción, de unos cuerpos sobre otros.

La segunda ley de Newton, se encarga de cuantificar, el concepto de fuerzas. Nos dice que *la fuerza neta aplicada sobre un cuerpo es proporcional a la aceleración que adquiere dicho cuerpo.* La constante de proporcionalidad es la **Masa del cuerpo.**

Podemos admitir sin lugar a dudas, que al estar cambiando la ***masa del cuerpo***, con el cambio de toneladas de petróleo, por un gas, contaminante que se pierde en la atmósfera, estamos cambiando dicha ley, y de momento estamos sorprendidos con los fenómenos y cambios que la atmósfera nos está presentando.

Hemos de darle un giro de 180 grados a este sistema, que por razones económicas y comerciales, cada día abusamos más, sin darnos cuenta, estamos creando una Tierra en donde no la vamos a poder abitar, y poco a poco, la estamos destruyendo, abusando de la extracción de un producto llamado petróleo.

Ya en la actualidad, también vemos como se va cambiando la utilización de las energías, y buscado la manera de reconvertir una por otra. Muchas son las empresas que se están preocupando por la energía eléctrica, ya que son infinitas las fuentes de producción, que cada día se van emplazando, pues por medio de la energía solar, ya se están fabricando muchos transportes movidos por la energía eléctrica, que es mas limpia y menos contaminante. Los nuevos proyectos que se están fabricando para dar solución a la energía que se pueda consumir en una ciudad, es ya una realidad. Y la energía que en cada hogar se precise, la obtendremos por medios que nosotros podremos controlar, incluso a distancia de nuestro hogar, y la podremos utilizar administrándola con el teléfono móvil, a distancia de muchos kilómetros. La energía nuclear es barata pero es contaminante, y sus efectos radioactivos, muy peligrosos, por lo que no es recomendable, ya vimos los efectos que se originaron en el Japón, con el desastre del terremoto y destrozo en las centrales nucleares, luego descartemos la energía nuclear.

Otra forma de obtener energía eléctrica es la descomposición de H_2O, el agua que al obtener su descomposición nos encontramos con el hidrógeno, el hidrogeno es otro elemento que tiene una propiedad de crear energía, y aunque ya se han realizado pruebas y se ve la utilidad que posee, las grandes compañías petroleras, obstaculizan los pasos dados sobre la puesta a punto de su utilización, ya que este procedimiento haría perder el comercio del petróleo, y estas compañías se vendrían a bajo, sin otra alternativa. Pero se ha de insistir en descartar la extracción de petróleo, si queremos que con el tiempo este planeta sea habitable. Las mismas compañías petroleras serían las primeras que dando un giro de 180 grados, vayan dejando el negocio del petróleo, y pongan manos a la obra de la reconversión, por otras energías más limpias y menos dañinas a nuestro planeta. Muchos países árabes, están creciendo por medio de la extracción de petróleo, que tienen en su país, y por ningún motivo dejarían de explotar esta cantera, por lo que los demás países desarrollados, si pueden ir cambiando de táctica, y poner en marcha centrales de energías que no dependieran del petróleo.

COMO SE FORMA UN COMERCIAL

La idea de la publicación de este libro, comienza en unos tiempos muy difíciles, al rededor de los años 2011.- cuando en todo el mundo una tormenta financiera, hace que miles de empresas tengan que cerrar sus negocios, y con ello llevar a la ruina económica y financiera a millones de empresarios, en todo el mundo, y más de cinco millones de personas en el paro solo en España.

De aquí surge la idea de la publicación de este libro, escrito bajo la experiencia de cómo empezar de cero. Comienza analizando un hecho, que ocurrió en un pueblo de la provincia de Sevilla.

Dicho acontecimiento fue de lo más extraño, dadas las circunstancias, de que se trataba de un sacristán de la iglesia del pueblo. Un buen día el Sr. Obispo hizo una visita al sacerdote que ocupaba aquella iglesia, y encontrándolo todo correcto y en orden, le formuló una pregunta al sacerdote, ¿ Puede decirme como se desenvuelve el sacristán en la parroquia ?. Y el sacerdote le dijo que su comportamiento tanto familiar como en la parroquia eran muy buenos. Pero el Sr. Obispo insistió en conocer mas como era su grado de cultura, por lo que el Sr. Cura le dijo que el pobre hombre no sabia leer ni escribir pero esta falta no le impedía para hacer su trabajo bien.

Entonces el Sr. Obispo le dijo al sacerdote que había que cambiar de sacristán.

Cuando el sacristán se vio sin su puesto de trabajo, se marcho para su casa y mientras caminaba intentó fumarse un cigarrillo, y su sorpresa fue que no tenia cerillas, así dándole vueltas a la cabeza, pensó que muchos fumadores como el pasarían por aquel lugar y posiblemente no llevarían cerillas para poder fumarse un pitillo. Entonces dijo yo voy a coger una cajita de cartón con varias cajitas de cerillas y las iré vendiendo aquellos que lo necesiten.

Después de las cerillas metió en la cajita unos paquetes de cigarrillos, y vio que la venta la realizaba y aquello daba resultado.

Al poco tiempo en aquel camino entre su casa y la parroquia. Monto una sombrilla de esas de la playa, y unos cajoncitos con Cerveza, Coca Cola, Aguardiente, y frutos secos y las ventas se incrementaban, hasta el punto que decidió montan un local comercial con

Muchos más artículos de consumo obligado. De aquel local, pasó a montar dos más, y así ya sumaban varios.

Y un buen día el director del banco donde el depositaba sus ingresos le pidió que pasara por el Banco para firmar unos documentos. Cuando el

Director le indicó donde había que firmar. El Sr. Antonio como así se llamaba le dijo, perdone Sr. Director yo no se firmar, ni se leer, a lo que el Sr. Director no creyendo sus palabras le contesto, riendo.
Sr.D.Antonio ¿Como es posible que Vs. Sin saber leer ni escribir pueda haber juntado
Esta fortuna? ¿ Que hubiese sido Vd. Sabiendo leer y escribir? A lo que D. Antonio le contestó. Solo huera sido el sacristán de la iglesia de mi pueblo.

Si un técnico en economía entrara en una clase de alumnos y desde el lugar ideal pudiera dirigirse a seleccionar o elegir aquellos alumnos que a su primera vista creyera capacitados para ser empresarios tal vez no acertaría con sus objetivos. El ser o poder ser empresario no lo tenemos marcado en la frente ni tampoco tenemos ningún signo que nos indique a flor de piel quien reúne las cualidades necesarias para ser empresario.
Mi idea como empresario nació una tarde aburrida que leyendo el periódico encontré un anuncio que solicitaba personas que tuvieran las siguientes condiciones < Amor Propio y Facilidad de palabra >.
La curiosidad por conocer sobre que podía tratarse me hizo solicitar más información, y cuando habían pasado varias semanas recibí una carta, y en ella me invitaban acudir a un hotel donde una persona

me informaría, con todos los detalles, sobre el tema del que se trataba. Aquella entrevista fue muy amena y cordial, y en ella la persona informadora me invitaba a conocer un mundo desconocido para mí. Le dije que solo se trataba de una prueba, y me acepto mi propuesta, sin ningún compromiso.
La prueba la realizaría acompañando a un Agente Comercial, y este agente después de haber realizado algunas entrevistas a otros empresarios, me comento los cálculos que el realizaba para dar el visto bueno al solicitante.
Mi impresión primera fue positiva. yo había entrado a formar parte de una organización, y yo me convertía en un nuevo empresario, donde yo tenia la obligación de ser mi propio Jefe, Organizar mi trabajo, y calibrar el rendimiento de mi empresa. Por lo tanto, nadie me exigía un horario, ni tampoco me garantizaba cuanto ganaría cada mes, ni tampoco estaba en sus cálculos, tener una seguridad social, solo un seguro medico privado.
Mi empresa estaba bajo la dirección de la Editorial PLAZA Y JANES.
Era la que disponía del material que había que vender, como también ella corría con todos los gastos de financiación, transporte y cobranzas, y mi punto de contacto para todos los pedidos, corrían a la persona Delegada que se apellidaba JOAQUÍN CUESTA MIRASIRRAS.

Lo primero que hice a la entrega del material de trabajo, fue estudiar cada una de las colecciones, autores, y publicaciones que componían el catálogo. .Entre las más interesantes, estaban los premios Nobel. Los Clásicos del siglo 20 Los premios Pulitzet y también una colección muy femenina llamada colección Mensaje. Así como obras sueltas, de diferentes títulos, como historias biografías etc.
Lo segundo fue programar el tiempo que invertiría cada día.
Tercero hacer una prueba y marcar los tiempos invertidos en las horas que cada día tenia para trabajar.

En la primera semana de trabajo, comprobé que la media de tiempo por visita había sido de DIEZ minutos. Lo que suponía, que en tres horas de trabajo, había contactado con la cantidad de 18 personas.
De estas 18 personas un 5,5% se habían interesado por la mercancía que yo les había presentado.
Y entonces pase al análisis del rendimiento.

RENDIMINTO DEL TRABAJO

Las ventas realizadas fueron de 4.000 Ptas. En total

Y entonces pase al análisis del rendimiento.

Las ventas realizadas fueron de 4.000 Ptas. total
Y mi porcentaje era del 20% bruto.
Lo que resulto de tres horas trabajadas, fue un beneficio de 800 Ptas. en las tres horas.
Entonces vi. que cada hora estaba pagada con 266,66 Ptas. Hora. No todos los días se presentaban lo mismo en el rendimiento. Lo que realicé cada mes para ir más seguro.
No me lo podía creer, y al poco tiempo pensando en como podía ampliar mi circulo de trabajo.
Propuse al Sr., CUESTA un nuevo sistema de captación de clientes.por entender que era posible que en cada piso hubiera un cliente o varios durmientes, necesitaba hacer esta prueba para ver los resultados que obtenía.

LA PRUEBA

Solicite ciento cincuenta catálogos ilustrados, así como también 2OO cartas de presentación, y compuse cien sobres, con un catálogo y una carta.
Un lunes por la tarde escogí una barriada de la capital de Sevilla, se llamaba y sigue llamándose Barriada de LOS REMEDIOS. Y a las cuatro de la tarde, entré en un bloque.
No había tardado una hora, y ya había entregado los cincuenta sobres primeros, con solo la recomendación, de que al día siguiente después de que lo hubieran examinado, pasaría a recogerlo.

Quería saber cuantas personas se interesaban por alguna de las obras del catálogo.

Un diez por ciento se interesaban por saber: (¿ Cuanto valía la colección, y como se pagaba ?)

En este momento mi trabajo consistía, no en entregar y recoger, ya había que vender la obra, y aquí el tiempo se prolongaba en hacer el pedido y que el cliente firmara la orden
de compra, así como concretar la forma de pago,y como el cliente recibiría su pedido.

Al recoger el sobre, y ver como algunos futuros clientes habían encontrado de su gusto lo que le ofrecíamos, pero que en este momento no podían comprometerse en comprar, mi trabajo se amplio, a tomarle nota, para hacer una posterior visita, en la fecha que esta persona le viniera mas oportuno, así compuse un fichero, con los 12 meses del año, cada ficha era llevada al mes que me habían prometido que fuese a visitarles.

Había trabajado un mes y los resultados eran fantásticos por que la producción había crecido en un 40% al mes anterior.

Entonces decidí transformar el sistema de trabajo, ampliando en dos personas para solo entregar y recoger los sobres, estas dos personas, yo les marcaba el distrito en el que debían trabajar, cada una de ellas entregaba y recogía 50 sobres, y solo se limitaban a tomar nota de aquella persona interesada en conocer el precio y la forma de pago. Luego yo solo me dedicaba a visitar a cada una de ellas, mostrarles las maquetas informarles de su contenido, hablar de la forma de envío y pago, y firma del pedido.

Corrían los años, y por esta fecha entré en contacto con D. Manuel Mudarra Delegado de la Editorial SOPENA, hombre dedicado al mundo del libro. Y Editorial Sopena su fondo editorial mayor mente lo dedicaba a la publicación de Diccionarios.
Y había publicado un diccionario Enciclopédico de nueve tomos, y encuadernado en rojo.
A mi me picó la curiosidad de conocer dicho Diccionario, por lo que el Sr. Mudarra me citó en su despacho para podérmelo presentar.
Nueve tomos y ordenado alfabéticamente, con mas cien mil ilustraciones, en verdad una verdadera joya. Su precio en aquella fecha era de 3000 pesetas y se podía adquirir para pagarlo a plazos de 150 pesetas mes.

Yo había barrido parte de Sevilla, en un año por mi sistema de los sobres a domicilio, pero no había tocado la parte de los diccionarios, por lo que me interesé por este tema y estudiamos las condiciones que la Editorial Sopena podía poner para hacer una prueba, y llegamos al acuerdo, de que las condiciones se mejoraban en los puntos mas interesantes, como la repartida de sobres, la hacían cinco señoritas, que pagaba la Editorial y mis condiciones, mejoraban en que el tanto por ciento de cada venta era del 23% y no del 20% como tenía con Plaza y Janes.

En cada sobre se preparaba un folleto solo del diccionario enciclopédico de 9 Tomos, en grande, y a todo color, y una carta de presentación, pero la carta contenía un pie para que los interesados lo rellenasen, y el Agente de Ventas le visitara sin compromiso de compra, y el interesado pudiera ojear, y ver como era uno de los tomos del diccionario.

Empecé mi andadura en el mes de Abril, se buscaron cinco señoritas, y se les enseñó como debían entregar y recoger el sobre, ellas no sabían nada de precios, ni de condiciones de compra, solo cuando los interesados se lo pedían, ellas rellenaban el pie de la carta, y les pedían a que hora les era mas oportuno que un Agente de ventas le visitara para poderle mostrar como era en verdad el diccionario.
La marcha había empezado, pero a la semana de trabajo, las visitas pendientes se me hacia imposible cumplir, los horarios que me pedían, por lo que tuve que buscar a otro colega, para que así los dos, pudiéramos cubrir los horarios que nos pedían.

Mi colega fue un cuñado mío, yo le puse al corriente de cómo había que presentar la obra, y la información que debía dar, de .como se pagaba, lo que valía la obra, y como el cliente recibiría su pedido. Y cada día por la mañana, antes de empezar las visitas recogía los pedidos,. y los entregaba al Delegado SR. Mudarra.

Nuestra organización fue tomando cuerpo, y para no encontrarnos en los mismos lugares, una de las partes se hizo cargo de la parte Norte, y la otra de la parte Sur de Sevilla y todo se fue ampliando según las necesidades, que sobre la marcha se presentaban.
Así fue corriendo el tiempo. y ampliando sectores como Cádiz, Huelva, y Córdoba El tiempo que empleamos en trabajar con el Sr. Mudarra fue de una gran experiencia.

Un buen día recibí una llamada de teléfono de D. Antonio Burjalés, Director Gerente de la Editorial ÉXITO S.A. desde Barcelona, y quería tener una entrevista para conocerme, y hablar de condiciones sobre las ventas, que ya como la competencia conocía y a la que a el le interesaban. Yo se lo comunique a mi cuñado, para que la entrevista fuese en presencia de los dos, y de esta manera dejar claro, si o no, nos interesaba hacer el cambio.
Nosotros desconocíamos el fondo Editorial de ÉXITO S.A. pero lo primero que quise saber era el

fondo Editorial completo para ver como podía encajar en nuestro sistema de trabajo. Sobre el 20 de Mayo quedamos citados para vernos y mantener una comida, de la que saldría una nueva estrategia de trabajo. Todo se centraba en Sevilla en donde vivíamos tanto mi cuñado como yo.

Ante la duda de cómo las publicaciones de Editorial Éxito todas maravillosas podían entrar bien en el público de Sevilla, acordamos hacer una prueba con una sola obra por que en los sobres que se entregaban no era conveniente incluir mas de un catálogo, así pues elegí una obra de 10 tomos de la Historia Universal del autor Jacques Pirenne para realizar la prueba.

Además de el folleto que presentábamos con la Historia Universal, en el sobre acompañando al folleto ilustrado en la carta de presentación al pie de ella se hacia mención de la Enciclopedia de la Biblia, Natura Viva, Egipto, y los toros de Cossio. Muchos clientes, cuando encontraron una gran diferencia en todas las obras, estaban encuadernados, en un lujoso papel cuché así como una lujosa encuadernación. La acogida fue magnifica, con lo que no solo habíamos conseguido un cambio de publico, si no también, una mejora en lo económico, más selectivo, si no que el precio de cada colección, era muy superior a las obras que dejamos con la Editorial Sopena.

La facturación fue aumentando, y también las zonas se ampliaban, consiguiendo que en Sevilla, y

otros pueblos importantes como Utrera, Carmona, Alcalá de Gudaira y otros pueblos más fueron visitados. Decidimos trabajar la zona de Málaga, y su provincia, ya que aquella zona no había sido trabajada. D.Antonio Burjales Gerente de Editorial ÉXITO S.A.
Nos puso en contacto, con el delegado de dicha Editorial, para que D. Carlos Fabregues como así se llamaba nos asistiera en la realización del campo que podíamos empezar a trabajar.
Igual que en Sevilla, empleamos el mismo sistema, un equipo de señoritas hacían la entrega y recogida, y nosotros realizábamos las visitas, para informar a los interesados, de cuales eran las formas de adquisición. Málaga resultó ser una plaza acogedora, y muy interesada en las obras que Editorial Éxito tenía en catálogo. Por lo que nuestros ingresos de multiplicaron por mucho mas volumen. Con todo ello también trabajamos varios pueblos de la provincia de Málaga, sobre todo con mucho éxito Marbella, Fuengirola, y Torremolinos. En esta fotografía estamos reunidos todo el equipo con Don Antonio Burjales y D. Carlos Fabregues. Esta era la plantilla que componíamos el equipo que trabajábamos en Málaga y su provincia.

Grupo en una comida con D. Antonio Burjales y D. Carlos Fabregues

En Sevilla habíamos creado una cartera de clientes muy buena, y yo, sacando algunos momentos de tiempo, me proponía visitar aquellos clientes que ya habían terminado de pagar sus cuentas, para ofrecerles continuar ampliando sus bibliotecas, suscribiendo otra colección diferente y a su gusto, porque así ellos lo pedían.

Unas de las veces que hacía este trabajo, me encontré en una cafetería con un compañero muy amigo, que veraneábamos juntos con nuestras

familias en Conil de la Frontera, los dos nos saludamos, y entre otras cosas me dijo, no te puedes imaginar como me he acordado de ti en estos días. Por lo que yo le interrogué preguntándole cuales eran los motivos. A lo que el me comentó. Este amigo era el Delegado de Editotial Aguilar.
Mira el Gerente Comercial de Editorial Danae S.A. me ha preguntado por ti sabiendo que tu estas en Málaga, porque un delegado, que este amigo había nombrado en Málaga, que se apellida Castaño, le ha montado un pollo tan malo,que no sabe como salir de este trance, lo que yo quisiera es que vosotros, os entrevisteis, haber si tu puedes echarle una mano para zanjar el problema. Entonces yo le dije, que si era posible lo citara por teléfono y nos viéramos antes de yo regresar a Málaga, mi amigo José Luis llamó por teléfono al Sr.D. Luis Lopez Cabañas, y en pocos minutos, estaba con nosotros en el Bar Correos, tras saludarle, me informó del cacao, que el Sr. Castaño le había organizado en Málaga, así, también, en aquel momento me propuso nombrarme Delegado en Málaga de su Editorial, montando allí una oficina y crear una organización de vendedores, de la que yo solo me ocuparía como jefe Delegado. En aquel momento no cerramos el acuerdo, hasta que yo lo consultara con la almohada. Me ponía un despacho, y una secretaria, y mi trabajo solo consistía en formar Agentes de ventas, para Editorial Danae.

Nosotros habíamos concertado con Editorial ExitoS.A unas condiciones muy buenas, y lo que pretendíamos, era dar un repaso con nuestro sistema en Málaga y los pueblos más desarrollados, con el fin de agotar por nuestro sistema, el mayor porcentaje de clientes, ya que el resto de vendedores solo trabajaban el sistema de venta directa. Por lo tanto, esperé hacer lo que yo pensaba que podíamos cubrir, para cuando termináramos, dar el salto a Editorial Danae.S.A. Como Delegado.

Terminado el plazo, que nos habíamos trazado, llamé al Sr. Cabañas, para decirle que estaba a su disposición, lo que al día siguiente me dijo que podía buscar una oficina, y que le dijera los muebles que emplearía para organizar, y amueblar lo mas importante, la oficina la encontré en un bloque de la c/ Plaza de Toros Vieja nº 18 1ª Planta, pero aquella oficina, ya estaba amueblada. Por lo que descartamos la compra de muebles.

La circunstancia de que aquella oficina había sido un despacho médico, y se encontraba prácticamente amueblada, así que solo faltaba alquilarla, y empezar a mover fichas. Por aquella fecha Ediciones Danae, había editado un tomo que se titulaba La Vida Sexual, del Doctor López Ibor, y el público lo buscaba locamente. Entre otras muchas obras que tenía en su catálogo, había una llamada Enciclopedia de la Cultura, y varias más.

Puse un anuncio de prensa, solicitando personas con tardes libres, y se presentaron como veinticinco en total para informarse de que se trataba. Conchita como así se llamaba la secretaria, solo les entregaba una solicitud de Plaza, y un test de Rasgos Físicos y psicológicos, con varias preguntas, para que los cumplimentaran y los entregaran para después de corregidos ir llamando a cada uno de ellos, los impresos son los siguientes;

1º SOLICITUD DE PLAZA
2º RASGOS FISICOS Y PSICOLOGICOS

Después de examinar cada una de las solicitudes se procedía a ir llamando a cada uno de los elegidos, y se les invitaban a conocer el trabajo de la mano de un agente ya experto, y tras una semana de prueba, se le hacía el contrato de Agente de Ventas. Si sus condiciones comerciales le eran favorables. Debía rellenar la solicitud de PLAZA y también el Test Psicólogico y entregarlo en administración. Una vez corregido se anulaba y si era favorable se llamaba para ofrecerle la prueba con un veterano.

SOLICITUD DE PLAZA

CONFIDENCIAL

Fecha
Nombre y Apellidos
Domicilio
Localidad .... Teléfono
Fecha nacimiento .... Nacionalidad
Estado civil .... D. N. I. N.º
Hijos .... Estudios cursados
Ocupación actual .... Empresa
Experiencia anterior
¿Tiene vehículo?
¿Por cual de las causas siguientes respondió al aviso?
    (marque con una X)   a) Curiosidad
                                 b) Inquietud
                                 c) Necesidad
                                 d) Interés
                                 e) Para ocupar su tiempo libre

HISTORIAL PROFESIONAL (empleos que ha tenido, tiempo en ellos y razones que motivaron el dejarlo

                                                                                    Firma

Para muchos de los novatos las ventas primeras, las realizaban a familiares y amigos y de estas ventas se recomendaban a otras personas, que eran amigos de los libros, o compraban en contadas ocasiones. Generalmente cuando comenzaban los Agentes nuevos, para que no se desmoralizarán, se le ponía a la disposición de un Jefe de Equipo, con la idea de que por medio del Jefe de Equipo recibiera las recomendaciones más importantes para la venta, además se le entregaba una guía del Vendedor, ya preparada para que poco a poco se fuera formando la teórica, con la practica le iban formando cada día un poco.
No todos los candidatos que se presentaban reunían las cualidades necesarias para el trabajo de ventas, pero si era cierto, que si en la contestación del test psicólogico los rasgos indicados pasaban de siete, el alumno prometía, solo dependía de su entusiasmo y ganas de trabajar,

La técnica más importante, que empleamos para conseguir que los alumnos nuevos en formación, entren a formar parte de la plantilla, consistía, en que el día de pago de las nóminas que se pagaban sobre el día diez de cada mes, a la hora de entregar las nóminas a los veteranos ya hechos, cobraran al mismo tiempo que lo hacía un novato, ¿ Para qué se empleaba esta tácticas ?. El Agente antiguo le mostraba al nuevo lo que el cobraba en un mes, y al novato se le subía el ánimo al cien por cien, con lo que al mes siguiente ponía más interés en hacerlo mejor, y los vicios de romper los horarios de trabajo para tomarse un café, o bien jugar a la maquinita, o hacer el que trabajaba, los iba perdiendo con la idea, de cuando llegara el día de cobrar, su nomina igualarse con su compañero, y esto cada vez daba más resultado.

Yo había organizado unas conferencias, para dar a conocer el fondo Editorial que cada uno tenía en su cartera, y los procedimientos que debían de emplear en el momento de la visita.

PRIMERO Conocer cada una de las colecciones que llevaban en su cartera, en tanto al volumen de su contenido, como también al provecho que mediante la entrevista con el futuro cliente le podía reportar, tanto a el, como a su familia, y siempre conocer, sus gustos y aficiones, para una vez terminada la visita, caso de que el cliente no hubiera en este momento tomado la alternativa de compra, dejar la puerta abierta para una posterior visita, que pasaría en una ficha al fichero organizado por meses.

SEGUNDO.- Exigía como norma imprescindible, que cada uno de los agentes, fuesen al trabajo con la mejor presentación. La presentación de un agente debe ser impecable, bien trajeado, bien afeitado, y el pelo al estilo militar, y esta es la mejor tarjeta de presentación, porque si a mi puerta llama una persona, al abrir la puerta, el primer golpe de vista está diciendo quien eres. Y no es lo mismo que la

impresión sea que la persona que ha llamado a la puerta sea un repartidor de butano que un Sr. que a primera vista puede ser el Director del banco. Aquí en la mala presentación está el número de veces que te van a dar con la puerta en las narices.
TERCERO.- Nunca diga vengo a venderle nada, siga las técnicas de venta. Preséntese dando su nombre, y seguido anuncie que le trae algo importante que no le hará perder más de tres minutos de su tiempo, le pide permiso para mostrárselo, el futuro cliente le hará pasar, y el agente tomará la palabra, anunciando de la empresa que viene o pertenece, abrirá su cartera y con soltura y sin nervios, mostrará las colecciones que la Editorial publica, siempre observando la atención que dicho cliente le está prestando, la conversación ha de ser corta, pero no terminará la misma sin saber si esta persona es o no amante de los libros, bien sean para el, o bien para sus hijos. La toma de decisión puede presentarse, mediante la presentación de cada uno de los catálogos que lleva en su cartera, y cerrara la operación preguntando al cliente donde desea que le envíen el pedido, a su domicilio a al lugar del trabajo. O bien como desea pagar su pedido, si al contado o a plazos, siempre se recomienda hacer el pago con cargo a su cuenta corriente para evitar las molestias de que un cobrador pase todos los meses a cobrar el recibo.

En estas conferencias se organizaba una tertulia, en la que cada uno de los Agentes exponía sus experiencias, así como también las contradicciones que los clientes exponían y al mismo tiempo exponían cuales eran las obras que más interesaban al público.

Aquí presento el test Psicológico que se utilizaba para la selección de los nuevos agentes de Ventas de los 16 rasgos, diez son los principales que una persona ha de reunir para poder aspirar a convertirse en un buen Agente.

El Test de selección tenía la ventaja, de que cada aspirante hacia un retrato de cómo se comportaba, bien en su vida privada, como ante los demás, con su aportación encontramos magnificas personas, que quizás de otra forma, siempre hubiese costado mas tiempo en conocer como una persona es en realidad.

En las conferencias que se organizaban cada Viernes, en la sala de juntas, a los interesados en el trabajo, nunca se les decía que su trabajo sería vender libros, si no informadores Culturales. Para demostrarles la importancia que tenía valorar a un Informador Cultural. En la pizarra del salón de juntas se escribían, las cuatro necesidades más importantes para el ser humano.

1ª.- ALIMENTACION
2ª.- SALUD
3ª.- FORMACION
4ª.- VESTIDO

A continuación, a cada aspirante se le pedía que indicase cual de las cuatro necesidades para el era la más importante.
La mayoría apuntaban la Salud, con un 80% y la Alimentación, con 13% y muy pocos el Vestido y menos aun la Formación con un 3%
Cuando habían respondido todos, Yo me acercaba a la pizarra, y subrayaba .la más importante, que era la FORMACION. Por lo que en la sala, se creaba un silencio misterioso que ellos no podían imaginar.

Yo al revocar las respuestas señaladas, y dirigirme a la necesidad de la FORMACION, les señalaba lo siguiente.
Una persona con una FORMACION completa, tiene muchísimas más posibilidades de conseguir un buen puesto de trabajo, que otra que no la tenga.
Conseguir un puesto de trabajo importante, le lleva a obtener unos beneficios económicos muy superiores a los demás, con ello, cubre Una muy buena ALIMENTACION, Con ello cubre poder costear una SALUD pagando mejores Hospitales y mejores médicos. Y por añadidura puede

costearse buenos trajes y buenos abrigos, tanto para el como para su familia.

Explicábamos como era cierto, que aquellas personas que habían conseguido situase en puestos de trabajo muy destacado, sobresalían en calidad de vida con más holgura, y además su familia también lo estaban.

HE AQUI LA LISTA DE 16 RASGOS FISICOS Y PSICOLOGICOS. SI UNO DE SUS CONOCIDOS TUBIERA QUE HACER SU RETRATO ¿ CUALES CREE QUE ELIGIRIA PARA DESCRIBIRLE ?.

( ) Charla dinamica y entusiasta.
( ) Modo sencillo y modesto de expresarse.
( ) Palabra facil sobre todo en presencia de muchos.
( ) Risa muy comunicativa.
( ) Rostro movil con los ojos vivos e incisivos.
( ) Tono muy conciliador.
( ) Sigue la moda sin buscar la originalidad.
( ) Muy emprendedor en las relaciones sociales.
( ) Le gustan las reuniones de amigos.
( ) Orienta facilmente sus ideas en funcion de las de la mayoria
( ) Entusiasta sabe hacerse aceptar por todos.
( ) Simpatia un poco velada por la timidez.
( ) En la vida le gusta arriesgar mucho para ganar mucho.
( ) Deseoso/a de alcanzar una elevada posición social.
( ) Muy fiel a los buenos amigos.
( ) Prefiere ganarse la vida sin exponerse a demasiados riesgos.

FIRMA

(Señalar solo 10 rasgos mas importantes)

En poco tiempo la plantilla de Agentes formados, y dependientes de la nueva Delegación estaba compuesta por unas 12 personas, nueve eran hombres y tres mujeres. El Sr. Cabañas me pidió que anunciara, una comida reunión para conocer al personal y con su presencia animar al equipo, así reservamos una mesa para 15 o 20 personas en casa Pedro en un restaurante que había en el Palo de Málaga, y celebramos una comida a la que también se sumaron mi esposa y mis hijos.

La reunión y la comida fue de lo más agradable, ya que todos los Agentes, disfrutaron de un día

memorable, y aquellos mas retraídos, encontraron un punto de unión, y compañerismo, para hacer del equipo una piña. La venta del libro de la Vida Sexual de López Ibor, se disparó, y seguidamente puse en marcha, el sistema de sobres a domicilio, con entrega y recogida, por un equipo formado por dos Agentes veteranos y dos señoritas. En cada sobre se presentaba un folleto ilustrado de La Biblioteca Danae, y una carta diferente donde se hacía mención a otras publicaciones, además al pie de la carta se citaban varias obras muy interesantes. para ocupar y ampliar las necesidades de una biblioteca, en su conjunto. En la primera prueba que se hizo, vimos que los resultados eran muy buenos, por lo que ampliamos el grupo dedicado a sobres, y con ello dábamos un paso de gigante en la facturación de cada mes, pero sin alcanzar los resultados de facturación que habíamos conseguido en Sevilla, lo importante de todo el desarrollo en la formación de la Delegación de Málaga, y la plantilla de Agentes que ya cumplían con los propósitos trazados.

Por tal motivo, el Presidente y dueño del Grupo Editorial Danae, Sr. D. José Lluis Monreal, me felicita por el trabajo realizado y me distingue con un regalo de un reloj de oro, marcado con las iniciales de la Empresa, así como con mis iniciales, y fecha.

A continuación muestro la carta enviada por el presidente Dueño de la Editorial Danae

s/ref.
n/ref. JLL/mp.

15 de Diciembre de 1977

Sr.D.
FEDERICO MONTILLA MACIAS
EDICIONES DANAE- DELEGACION MALAGA
Plaza de Toros Vieja nº 18
MALAGA

Estimado amigo Sr.Montilla:

Como Vd. ya sabe, nuestra organización destaca, anualmente, aquellos de sus componentes que durante el transcurso del año han destacado por un sentido o por otro, en nuestro Departamento Comercial. En este año 1977, creemos que entre los mismos, debe figurar Vd., no por las cifras de venta conseguidas en Málaga, que no han sido lo elevadas que todos desearíamos, sinó por su total entrega a la labor a Vd. encomendada.

Nos complacemos, pues, en felicitarle por ello y remitirle, junto con estas breves líneas, un reloj de oro,que en nuestra organización significa el haber sido persona destacada de la misma durante el año. En el mismo figuran grabadas las iniciales, el nombre de Danae y la fecha conmemorativa, y esperamos que al usarlo le recordará constantemente a esta gran familia que constituimos los integrantes de Danae,S.A.

Le reitero nuevamente mi más sincera felicitación y también el agradecimiento al apoyo que siempre hemos encontrado en usted.

Reciba un fuerte abrazo de su amigo,

Ediciones DANAE, S.A.
Un Director Gerente

Durante el año que tardamos en formar el grupo de Agentes, fue creciendo y algunos de ellos cubrieron puestos de Delegados, por ejemplo D. Miguel Monedero Manchón, y D. Manuel Sánchez, y la señorita Isabel Ripa, ellos pusieron el listón muy alto en la Delegación de Málaga, y se completó una plantilla maravillosa. Pero yo fui propuesto, para montar una Delegación nueva en Jerez de la Frontera (Cádiz,)

En Jerez de la Frontera se monta una Delegación, en la calle Descalzos, nº 6-2º-B, y se nombra como secretaria a la señorita Pepita Cobos, y acto seguido se ponen unos anuncios en la prensa de Jerez, solicitando Personas ambos sexos, que estuvieran en paro o con tiempo disponible, incluso por la tarde, a lo que respondieron varias personas, entre ellas dos chicos con buenas actitudes y deseos de trabajar. Agustín Castilla y José Peregrina, ambos eran primos, mas tarde, se incorporó el Sr. Carlos Díaz procedente de la competencia, además, se presentaron dos señoritas Ana María Fernández, y Pilar López, ellas fueron las primeras que iniciaron el llamado Canal Femenino. Este Canal solo vendía una Obra llamada Enciclopedia de la Salud, y sus clientas se limitaban a las señoras que habían dado a luz recientemente. Esta pareja de señoritas trabajaban en pareja y su labor fue tomando cuerpo e incrementando la plantilla, incluso Ana María pasó por Sevilla para aprender de una Agente muy puesta llamada Mari Fariñas.

El Sr. Peregrina, y el Sr. Castilla, fueron ascendidos a Delegados de Equipo, con lo que cada uno trabajaba con varios Agentes a su disposición, y la zona de Cádiz fue hecha pueblo por pueblo incluida la capital, CADIZ.

Los resultados fueron magníficos al punto de ser nuevamente Felicitado por el Presidente Sr. D. José Lluis Monreal mediante la carta que a continuación expongo.

El Gerente Comercial para Andalucía Sr . López Cabañas puso mucha atención en los sistemas de ventas que yo introducía en los equipos, y de alguna forma coincidíamos en muchos aspectos lo que originó una amistad entre nosotros que en múltiples ocasiones las entrevistas y visitas mas que de trabajo eran de tipo familiar, en los veranos mis desplazamientos los hacía a Chipiona Cádiz, donde también veraneaba el Sr. Cabañas con su familia,

Recuerdo como muchas mañanas los dos íbamos al puerto de pescadores para ver regresar las barcas de pesca, que traían el pescado recién cogido y allí comprábamos un buen surtido para luego cocinarlo para toda la familia junta. Luis tenía buenas dotes de cocinero, y lo preparaba de maravilla, y por las tardes salíamos a pasear y tomar unos helados, con los niños que aun eran pequeños.

Algunos días Luis venía a Jerez y le gustaba visitar las bodegas que son famosas en el mundo entero, un hermano suyo trabajaba en una bodega que se llamaba González Bias y allí los tres nos poníamos alegres solamente probando algunos de los vinos más famosos.

Luis era un enamorado de la zona Gaditana, porque las cualidades humanas y acogedoras que tiene el público de Cádiz, no se respira en otro lugar, y esa alegría de ver con el optimismo que en cualquier lugar éramos recibidos, nos abría las puertas de la inspiración para saber que podíamos apostar con mucha seguridad por el triunfo que teníamos asegurado.

Los tres Delegados de equipo que yo había nombrado. Peregrina, Castilla, y Carlos cada día estaban más contentos, con ellos compartimos algunas veces unas buenas mariscadas, en Casa Enrique, que se encontraba en la carretera que va de Jerez a San Lucas de Barrameda la A-480. Allí se podían degustar los mejores mariscos del mundo

Ediciones
DANAE, s.a.
MUNTANER, 81. TEL. 254 37 05 (7 LINEAS)
BARCELONA-11
ESPAÑA

s/ref.
n/ref. JLL/mp.

1 de Diciembre de 1977

Sr.D.
FEDERICO MONTILLA MACIAS
EDICIONES DANAE- ZONA SUR
Fray Alonso 5, 1º local B
SEVILLA

Estimado amigo Sr.Montilla:

No sabe Vd. con cuanta satisfacción me es grato informarle oficialmente, de la decisión adoptada en la reciente reunión que se celebró en nuestras oficinas centrales, para trazar los nuevos Planes de Ventas para 1977.

A propuesta de nuestro Sr.Cabañas, se decidió crear una nueva Delegación en Cádiz y al mismo tiempo, nombrarle a Vd. Delegado para aquella zona.

Debido a la bondad del mercado que significa la zona gaditana y las magníficas dotes humanas y profesionales que Vd. posee, y que ha demostrado sobradamente en el transcurso de los últimos años, tengo la completa seguridad de que alcanzará nuevamente el éxito en su nuevo cometido, para el cual, cuente Vd. con todo el apoyo de nuestra organización y con el mio propio.

Le agradezco una vez más, todo el tesón que ha puesto durante el transcurso del presente año, a la tarea que le fué encomendada y en la cual, también como siempre, ha demostrado que Vd., y permítame la familiaridad, continua siendo MONTILLA, así como suena: MONTILLA.

Un cordial saludo de su amigo,

Ediciones DANAE, s.a.
Un Director Gerente

Fdo: José Luis Monreal

No había transcurrido un año un día me llama por teléfono el Sr. Cabañas porque tiene que comunicarme algo importante. Quedamos en que yo iría a Sevilla para que me informara de la noticia.

Llegué a Sevilla sobre las 12 de la mañana y después de saludarnos me pidió que esperase un momento para ultimar algunas cosas pendientes y después los dos nos fuimos a un restaurante a comer, y mientras comíamos me dijo que tenía una papeleta grave que solucionar. Y esta papeleta no era otra cosa, que a el le habían ascendido a Director General para toda España, y que su puesto como Gerente Apoderado de Andalucía, no sabía como lo tenía que cubrir, así que me pidió, que si yo me comprometía a ocupar su puesto.

La noticia me dejó un poco desconcertado, pero el me confirmó, que yo era la persona más idónea y capacitada, para ocupar el puesto que el dejaba.

Entonces yo le pedí que si en realidad yo era elegido por la junta General en Barcelona, lo que yo pedía era, que dos meses antes de hacerme cargo del puesto, los dos juntos, el me pusiera al corriente, de todos los objetivos que se relacionaban con el cargo, con lo que el me contestó, que no había inconveniente ninguno, y que así se lo haría saber al Presidente D. José Lluis Monreal, una vez que yo lo hubiera aceptado.

CAMBIO DE CARGO

Corría el mes de Septiembre, y soy convocado a una reunión en Barcelona, con el Sr. Presidente, y su mano derecha el Sr. Marti, los tres, nos reunimos y mantuvimos una charla, en la que de forma muy intima, ellos me hicieron muchas preguntas, sobre cuales eran mis deseos para ocupar el puesto de Gerente Apoderado.
Tras agradecer la distinción que me ofrecían, ellos conocían perfectamente quien era el Sr. Federico Montilla, dado que lo había demostrado con creces en el corto tiempo, que yo había trabajado para Editorial Danae S.A.
Y lo único que yo pedí para un buen entendimiento entre ambos, fue que en mi labor y trabajo a desarrollar, no quería intrusos que me coartaran mi labor, y mis decisiones, yo haría una Gerencia saneada, limpia, y con el propósito de ir aumentando la cifra de ventas en la mayoría de las publicaciones de la Editorial.
La siguiente petición fue, que mi contrato de trabajo fuese fijo hasta el tiempo de mi jubilación,

y que la empresa, la cotización a la seguridad social, se realizara al cargo que yo representaba.

Todos quedamos conformes, y se fijó la fecha de mi presentación en Sevilla ante el personal que el Sr. Cabañas había mandado, Sres Reina, Pons. Juan Caro Candel y los asistentes en administración.
Esta reunión se celebró en el Hotel Macarena, en ella Sr. Lluis, Sr. Cabañas y los Delegados que componían la plantilla.
Una de las cosas que en esta reunión se esclareció fue, el lugar donde yo montaría mi oficina, y preguntado por este detalle, yo dije que mi deseo era montar mi oficina en Granada, por dos motivos. Primero yo había nacido en Granada, y allí tenia un historial que me empujaba a elegir dicho lugar. Segundo punto era que mis hijos yo deseaba que estudiaran en Granada, por el buen ambiente universitario que en Granada se respiraba.
Y así se decidió.

DIRECCION s/ref. —
         n/ref. JLL/tl.

29 de Diciembre de 1.975

Sr. Don
FEDERICO MONTILLA MACIAS
EDICIONES DANAE, S. A.
Verónica de la Virgen, 5 bjos.
GRANADA

Estimado amigo:

El Sr. Martí me acaba de pasar la GUIA DEL VENDEDOR que Vd. ha confeccionado. Su lectura me ha entusiasmado, toda su rica experiencia en el mundo de los libros está contenida en la misma y creo que su difusión nos será muy util y puede jerarquizar a los componentes de nuestras plantillas de vendedores.

Muchas gracias por el laborioso trabajo y mi más sincera felicitación por el resultado obtenido.

Un gran abrazo y mis mejores deseos para el próximo año,

En la calle Verónica de la Virgen, encontré un local piso primera planta y planta alta, con los departamentos necesarios, para que en este lugar

pudieran trabajar tres delegados una administración, una sala de reuniones para dar cursos, y un despacho para mi.
El local fue amueblado conforme a lo previsto, y empezamos en Granada a formar la plantilla de Agentes y Delegados que precisaba.

De Jerez de la Frontera yo me traje a Granada a los Delegados Sr.Agustin Castilla, y Sr, Carlos Díaz.
Posteriormente se incorporó otro Delegado Sr. José Serrano, así como también su cuñada como administrativa, y un repartidor Sr. José Rios.
El Sr, Serrano y Mari su cuñada procedían de una Delegación placista que había presentado quiebra y Ediciones Danae, se hizo cargo de todo el material que guardaban en sus almacenes para posteriormente devolverlo a Barcelona.

En la organización que se estaba formando en Granada, todo marchaba como todas las cosas lento, pero sin pausa. Se fueron formando Jefes de Equipo como Sr. Carlos Pintor Barrera, Antonio Lozano, y el Sr. Jiménez con su esposa Sra. Margarita Arcilla,
Y en el Canal Femenino se incorporo Mari Parrón y Ángeles Pausa, Julia y Andrés su esposo, y Sta. Loli Vargas, y Mari Carmen , y Maria del Pilar, así como otras que sería largo comentar.

Destacaron en su trayectoria agentes como el Sr. Carlos Pintor, que de Agente pasó a Jefe de Equipo y mas tarde fue nombrado Delegado para Almería.

Málaga marchaba muy bien al mando de los dos Delegados, que uno era del canal masculino, y la otra llamada Srta. Isabel Ripa, completaban cada mes una importante cifra de ventas cada Delegado.
La Srta. Ripa se encargaba del canal femenino, y el Sr, Manuel Sánchez del masculino.
Jerez de la Frontera había mantenido su producción, así como Sevilla al cargo del Sr, Reina, el Sr. Pons y la Sra. Fariñas.

Mensualmente yo debía hacer un viaje a Barcelona, para comparecer a las reuniones que los Gerentes de Zonas teníamos la obligación de asistir, las que en ellas exponíamos no solo las cifras de ventas obtenidas en el mes, como también, los sistemas empleados.

El Sr. D. José Lluis, cada año viajaba a Frankfur, Alemania, a la feria internacional del Libro, y encontró una obra publicada en sueco, que se llamaba la Combi Visual.
Esta obra estaba dedicada como obra de consulta para los alumnos de primaria, porque en su contenido combinaba texto e imagen, y como una imagen vale por mil palabras, la obra reunía unas

cualidades excelentes, para los alumnos, que el texto no les dice en verdad lo que significa la imagen.
Y el Sr. Lluis compra los derechos de Edición, para publicarla en España en lengua Española.
La obra se publica en Español, y cuando llega a las Delegaciones de ventas, aquello es un verdadero éxito, pues la obra se vende como rosquillas.
Tal fue su impacto en la competencia, que Editorial Éxito S.A. se pone en contacto con el Sr. Lluis y este le vende a Éxito los derechos de venta por diez años. La suma que el Sr. Lluis recibe, la aplica a la publicación de otras obras modernas, y por sorpresa compra a la casa Groller Americana que era la dueña de Éxito en España. Los locales en Barcelona, donde se encontraban, en el paseo de Gracia las oficinas de Éxito S.A..

Por lo tanto, la empresa cambia de nombre, y en vez de seguir llamándose Ediciones Danae,S.A, pasa a llamarse GRUPO EDITORIAL OCEANO.
Y para lo comercial es : EDICIONES OCEANO-ÉXITO. S.A.

Se dejan los locales de Danae en la calle Muntaner y todos pasamos a las oficinas del Paseo de Gracia.

Dirección

MUNTANER, 81 - TEL. 254 37 00 (7 LINEAS)
BARCELONA-11
ESPAÑA

s/ref.
n/ref. JLL/mhb.

10 de Enero de 1.979

Sr. D. FEDERICO MONTILLA
Ediciones Danae, S.A.
Fray Alonso, 5 - bajos 2ª
S E V I L L A

Querido amigo Sr. Montilla,

No puede Vd. imaginarse la gran satisfacción que me invade, cuando examino el informe mensual de ventas, y observo los resultados que está alcanzando en su demarcación. Este mes, mi satisfacción ha sido aún mayor, al ver las magníficas cifras que está consiguiendo con la venta del "PROGRAMA-8", título que, como Vd. sabe, se está convirtiendo en el más vendido de todo el país.

Querido Federico: "Montilla, sigue siendo Montilla".

Un abrazo.

Ediciones DANAE S.A.
Director Gerente

José Luis Monreal

El cambio de nombre de la empresa crea en las Delegaciones de ventas en Andalucía una fuerte acogida, y personas que pertenecían a otras Editoriales Planeta o Plaza y Janes, se ponen en contacto con migo y hablamos de condiciones y métodos de trabajo, primero lo hizo una Delegada, con todo su equipo que trabajaban para una delegación Placista, Su nombre Mari Parrón y se incorpora en Granada, como Delegada de Océano Éxito S.A. y se dedica a la venta del canal femenino, como persona esta joven, era maravillosa, y ambiciosa, porque cada mes intentaba superar su producción, la acompañaba su mano derecha Manoli, chica joven muy dinámica, y con una afición a la venta muy técnica.

Y por aquellas fechas también se presentan un matrimonio formado por Sr. José Jiménez, y Margarita Arcilla, esta pareja trabajan todo el fondo Editorial, y con su saber en el manejo de la Venta del libro, pronto ocupan puestos destacados en la plantilla que trabaja en Granada.

También es de resaltar lo que sucede en Málaga, donde, los dos delegados que ocupan los puestos de Canal Femenino por Isabel Ripa y Juan Manuel Sánchez, por el canal masculino las ventas se incrementan de forma magistral.

Y en Jerez de la Frontera, destaca en ventas movido por la aceptación que con el Programa de ventas que habíamos inventado, los vendedores se ven arropados y con un campo sin límite de trabajo.
Este es el grupo de trabajo de Mari Parrón y Sr. Jiménez, con Agentes Julia y Andrés.

De izquierda a derecha: Margarita, Jiménez, Manolita, Mari, Julia, y Andrés.

Dos matrimonios y una pareja, conforman tres equipos independientes, de la organización general que trabajan cada uno por separados, y cualquiera de ellos podía trabajar en la zona que mas le gustara.

Su evolución comprometida con la profesionalidad que cada uno de los equipos tenía, hacía que la atención que por mi parte debía prestarles, entraba muchas veces en una rivalidad de competencia y exigencia, que por nada del mundo yo podía desoír o mirar para otro lado, lo que llevó a originar, un desacuerdo entre el Sr. Jiménez y la empresa, por lo tanto el Sr. Jiménez tomó la decisión de abandonar el puesto en Océano Éxito, y marcharse con Plaza y Janes.

El matrimonio formado por Andrés y Julia, se rompe, y Andrés abandona su plaza en la empresa, y solo queda su esposa Julia, que se une al equipo de Mari y Manoli.

También se incorpora al equipo de Mari la señorita Ángeles Pousa. Este equipo promete tanto que cada mes era para Mari una apuesta de superación, como muestra de su valía.

Carmen del Pilar, como jefa de equipo, en el canal femenino, demostró tener una preparación excelente muy buena cultura,< ya que ella era profesora.

En la revista que publicaba Océano Éxito, el mes

ndo Candel y su esposa, Filomena Marín.

riencia y juventud

rico Montilla, granadino, es hoy día el Gerente de tra red en Andalucía Oriental, con sedes en Granada laga. Es un "clásico" de nuestra Empresa, gran pronal, luchador infatigable y hombre al que le sobran as para animar a quien en algún momento lo preciu colaboración con un joven Delegado, el señor Jiez, y su esposa, la señora Archilla, demuestra cómo ión de veteranía y juventud puede mover montalos programas de futuro de esta Gerencia son cada na realidad más espléndida.

villano Fernando Candel dirige una Gerencia con sen Sevilla, en la calle Fray Alonso, siendo 1983 su er año en dicho puesto. Recientemente contrajo imonio con D.ª Filomena Marín Vera, por lo que le amos nuestra más sincera enhorabuena. Fernando el es un excelente ejemplo del éxito de las nuevas nociones desarrolladas por la Empresa para ofrecer nulos a todo el personal. Rodeado de su antiguo po, Candel inicia ahora, a su vez, una eficaz política romoción. Es seguro que, en breve plazo, alcanzará cotas, dadas su profesionalidad y su espíritu de inia.

Manuel Sánchez, malagueño, desempeña sus funes en la organización para toda Andalucía con sedes evilla y Málaga. Sánchez es un gran especialista en nta de promociones especiales; un hombre muy exigente consigo mismo del que esperamos una importante promoción en el futuro.

A primeros de 1983, fue designado como Delegado de Dirección para toda Andalucía Manuel Galiano, que comenzó a trabajar en nuestra Empresa como recadero siendo un chiquillo. Persona animosa y compañero entrañable de todos los componentes del Grupo, está desarrollando una dura y valiosa labor para coordinar toda la estructura y los múltiples servicios de la zona andaluza, asegurando el buen funcionamiento de esta gran red comercial en su conjunto.

En la parte superior derecha, Federico Montilla, Gerente de Andalucía Oriental, y sus colaboradores los esposos José Jiménez y Margarita Archilla. Sobre estas líneas, Manuel Galiano, Delegado de Dirección para Andalucía.

que le correspondió hacer referencia al Sur, Andalucía a continuación resaltamos la publicación que hace del equipo del Sr. Jiménez su esposa Margarita.

Nos encontrábamos avanzando en las nuevas publicaciones, y para celebrar la publicación de la obra Las Razas Humanas, se preparó en Barcelona en el Hotel Ritz, en el salón imperial una comparecencia de la mayoría de los Directores, Gerentes, y Delegados de toda España.
Y por la parte que me correspondía fui acompañado por la Delegada Carmen del Pilar, según vemos en la fotografía que componíamos la mesa acompañados de seis miembros de la organización Océano Éxito.

El acto de la presentación inicial correspondió a D. Carlos Gispert Gener Director Editorial Océano. Y fue seguido por la intervención de D. José Lluis Monreal. Y la presentación de Las Razas Humanas la realizó D. José Luis L. Aranguren, a continuación se ofreció un cocktail a los asistentes.

Seguidamente pasamos al salón Diana para la cena, y entrega de premios, no sin antes los Gerentes de Zona habláramos al conjunto de personal sobre las virtudes y grandezas de nuestros programas de ventas, yo fui el primero en intervenir, para plantear como era la zona, y cuantas personas trabajaban, y que rendimiento se auguraba para la obra Las Razas Humanas como guinda del pastel.

Málaga, Granada, Almería, Jaén, Córdoba, y Jerez de la Frontera. Hacían un total de seis zonas muy aparentes para cubrir los objetivos marcados.

En Málaga estaba representada por los dos Delegados José Manuel Sánchez y Isabel Ripa, En Jaén había un equipo en Linares muy profesional y en Jaén capital una Jefa de Equipo que también daba la talla.

En Jerez estaba bien cubierto con el Sr. Peregrina, como Delegado y el Sr. Gualdames como jefe de equipo, y Antonio Ortega, aparte el canal femenino, con Ana Mari, y su amiga que trabajaban la Enciclopedia de la Salud.

La Capital de Sevilla y su zona se le había transferido al Sr. Manolo Reina, y Mari Fariñas, por lo que yo descansaba de una zona tan amplia.

En uno de mis viajes a Barcelona que hacía con frecuencia, contacte con una señorita que me pareció una persona ideal, por su profesión como matrona, y su dinámica de emprendedora, para montar con ella al frente, un canal de ventas, de la Enciclopedia de la Salud, Hable con el Director General Sr. Luis Cabañas, para ver qué posibilidades había, y quedamos en fichar a la Srta. Laura Arcelei para organizar un canal de ventas en

Barcelona, independiente del que regentaba la Sra. María del Carmen Mateo Tejedor, Gerente de la Zona de Cataluña.

Laura aportó al conjunto de su equipo, y en general a toda la plantilla, algunos conocimientos técnicos, sobre la necesidad de esta Obra en la familia, por el contenido que aportaba para las mujeres en estado de embarazo, y después como debía llevar el cuidado de su bebe, reparando en aquellos cuidados mas importantes, que prevenían posibles enfermedades, o accidentes en el hogar.

La permanencia de Laura en Océano Éxito me obligaba a prestarle la ayuda en la captación de Srtas. Para aumentar el grueso de su plantilla, lo que compartía siempre en los viajes que obligadamente hacía para las reuniones de Jefes y Gerentes de zona.

En mis viajes a Barcelona en comisión de trabajo, una vez finalizada la jornada los compañeros que allí trabajaban, aprovechaban el momento para no solo conocer Barcelona, si no también para visitar algunos lugares que siempre recordaré por lo maravilloso que resultaba, y lo bien que allí lo pasábamos, los dos Gerentes mas amigos y con ellos algunos administrativos, recuerdo al Sr. Mascorda, Sr. Novau, Srta. Felisa, y Sr. Prados.

SCAL*A, estaba de moda en aquellas fechas, como Sala de Fiestas y Restaurante, y después un gran espectáculo en donde se disfrutaba de los mejores platos, y las mejores vistas.
Aquí quiero presentar un recuerdo de aquellos tiempos, y como se puede observar el grupo de personas que lo componemos los rostros hablan del momento que disfrutamos y que siempre estos recuerdos no podremos olvidar nunca.

En el momento en que se escribe este libro han pasado más de treinta y cinco años

Grupo de Gerentes y administrativos

Conforme avanza el tiempo el fondo Editorial se va ampliando, por que al comprar a Editorial Éxito,S.A. las obras que componían el catalogo de Éxito, pasan aumentar las obras que ya teníamos en Danae.
Entre ellas las más importantes son las del Fondo del Instituto Gallach compuestas por
Historia de España 6 Tomos
Historia Natural 4 Tomos
Las Razas Humanas 4 Tomos
Historia Universal 10 Tomos.

Obras importantes del fondo Danae.
Diccionario Enciclopédico Danae 12 Tomos.
Los Museos:
Museo de Louvre.
Museo del Prado.
Museo Hermitage.
Museo Gallery.
Museo Florencia .

Geografía de España 2 Tomos
Historia de España 2 Tomos.

Enciclopedia de la Psicología
Los países del Mundo 3 Tomos.
El mundo de la Historia 2 Tomos.
El Mundo de la Ciencia 2 Tomos.
El Mundo de la Naturaleza 2 Tomos.

Una Gran Obra que también fue de mucha acogida se llamaba
La Música Elegida.

Grandes Orquestas.
La Zarzuela.
El jazz.
El Rock.
La música de España.
De Rossini a Wagner.
De Chopin a Liszt.
De Beethoven a Schubert.
De Vivaldi a Bach.
De Haydn a Mozart.

La biblioteca de la cultura de 21 Tomo.
La Biblioteca Basica Juvenil 8 Tomos.
4 Tomos SABES QUIEN ?
4 Tomos QUE QUIERES SABER DE LA CIENCIA?

La Cocina de España por Néstor Lujan y Juan Perucho.

Enciclopedia del Futbol 7 Tomos.
El Tesoro de la Juventud 12 Tomos
Las obras del Instituto Gallach, dieron un buen toque entre las ya existentes, para un público exigente entre lo bueno y la calidad de cada una de

las obras. Su público comprador estaba entre los profesores en los colegios.

La colección de los Museos, era muy atractiva entre aquellas personas que gustaban del arte, y aficionadas a la pintura.

Otra Gran Colección que dio mucha guerra, fue la de GRANDES ORQUESTAS, ya que en cada estuche se incluía un libro con la historia de cada autor y un disco con las canciones o música elegida.

También hablaremos de la Biblioteca de la Cultura, muy apropiada para estudiantes en la formación de los años de bachiller.

La biblioteca Juvenil compuesta de 8 Tomos su historia es impresionante. Pues uno de mis viajes a Barcelona el Sr. Luis López Cabañas, me preguntó si yo conocía los almacenes que la empresa tenía en Sitges, le dije que no, y me invitó a que fuésemos a verlos. Me fue dando a conocer donde se almacenaban las obras que se estaban publicando, y había una que se llamaba Biblioteca Juvenil que se apilaban en grandes fardos y que estaba destinada a venderlo como papel desechado ya que no había tenido salida y no se vendía ni una sola colección, me pareció un derroche de dinero gastado y que no se podía utilizar.

El Sr. Cabañas me dijo, llévate una colección a Granada, y haber si tu le estudias la foma en que todo esto se pueda aprovechar. Me prepararon un paquete, y regresé a Granada con mis cinco sentidos puestos. en como podría preparar la venta de dicha colección.
Dándole vueltas al tema me preparé un test con el siguiente propósito.

Crear un concurso escolar con el nombre de **PROGRAMA CULTURAL**. El Programa tenía como desarrollo el siguiente mecanismo.
Presentar en la dirección del colegio el test, y dar a conocer la finalidad que este Programa Cultural tenía.
Si era aceptado por la dirección del colegio. se entregaban el número de impresos test, para que se repartieran y que los alumnos los completasen.
A los tres días se recogían y por cursos se ordenaban.
Se preparaba un saluda a la familia del alumno, y se le invitaba a recoger el premio que había obtenido, su hijo/a, y allí se le informaría el porque de aquel certamen.
Por regla general los padres de los alumnos, habían participado en las respuestas que se pedían, así como también habían leído los premios que en este concurso se otorgaban a los ganadores.
PREMIOS:

Ordenador personal.
Premio Opción a Beca,
Diploma personal por haber participado.

Se contrataba en un Hotel una sala para el día señalado y se citaban a los padres de los alumnos, y ante ellos para hacerles entrega de los diplomas y los premios a sus hijos. Cuando los padres llegaban al hotel, se les asignaba una mesa para que una persona preparada les hablara del motivo que este Programa Cultural, tenía para sus hijos.
Se le presentaba el test que su hijo/a había rellenado y se veían los aciertos que su hijo había respondido correctamente, y lo primero que se hacía era entregarle un diploma con su nombre y la fecha. Y seguidamente se le hablaba de lo importante que era para el alumno/a este programa, fundando su importancia en el conocido fracaso escolar.

Algunos ejemplos por parte de la persona informadora, sobre el porque, los alumnos no tenían las respuestas a muchos de los temas que obligatoriamente se les pedía durante el curso, hacían recapacitar a los padres, en la necesidad de encontrar la herramienta necesaria para que durante el curso fuese solucionando, las lagunas que día a día iban almacenando en su cabeza, y que con el paso del tiempo, ellos mismos se iban forjando una incapacidad para avanzar en cada uno de los cursos.

El Informador ante los padres, con un tomo de la Obra creada para la solución del problema, abría el tomo por cualquier parte, y ante ellos realizaba un ejemplo con el alumno, en presencia de sus padres, tal demostración, los padres quedaban encantados, y llegaba el momento en el que a los padres se le ofrecía la obra, sin que ello originara una carga económica, se le entregaba la obra en su domicilio, y los padres elegían el modo más cómodo para realizar sus pagos.

En este momento el informador le entregaba un número para el sorteo del ordenador que se ofrecía, así como también para el sorteo de las becas, que se celebraba ante notario de un día señalado.
A continuación se presenta el test, con el que se concursaba. El Diploma, y la invitación que recibían sus padres, en donde se señalaba el número para el sorteo del ordenador.
También se conservan las actas del notario en los sorteos que se realizaron y se expone una copia del periódico Ideal de Granada en que se daba publicación de los sorteos.
Este sistema fue tan eficaz que logramos agotar todo el contenido de obras imprimidlas que había en el almacén de Sitges, y que estaban destinadas a venderlas como papel viejo, y se restablecieron las

planchas, ya desechadas para seguir imprimiendo nuevas colecciones, lo que sirvió para completar el programa que nos habíamos trazado. El PROGRAMA CULTURAL, fue un referente Editorial, que algunos de los Gerentes de otras provincias vinieron a Granada para copiar el sistema y ponerlo en practica en sus lugares de España.

PROGRAMA CULTURAL

El "PROGRAMA CULTURAL" es un Concurso Escolar de carácter voluntario que pretende aportar a los padres una orientación sobre los factores que inciden en el resultado escolar.

En el Concurso "PROGRAMA CULTURAL" pueden participar todos los alumnos/as de 1º a 6º de Primaria más los alumnos/as de E.S.O.

Cada trabajo será corregido en presencia de su autor.

PREMIOS

ORDENADOR PERSONAL, que será otorgado por sorteo mediante un número de clave que se entregará a cada participante en al momento de corregir su test.

PREMIO OPCION A BECA: Se informará al corregir el Test como puede participar el alumno/a en el sorteo de siete becas de 500.000 Ptas.

Para poder participar en el sorteo de los PREMIOS, a cada alumno/a se le entregará la tarjeta con la clave de numeración que le permite participar en el sorteo. Todo en presencia de sus padres o tutores.

Para las respuestas a las preguntas, sin tener en cuenta el curso y la edad del alumno/a, se pueden utilizar y consultar Enciclopedias de Cultura o Diccionarios.

Con DIEZ preguntas acertadas será suficiente para participar en el sorteo del ORDENADOR PERSONAL.

ordenador inves

Mod. Teide 416
- Procesador Pentium 166 MMX
- 16 MB de RAM
- 2,5 GB de disco duro (ROM)
- MULTIMEDIA
- Lector de CD - 24X (el más veloz)
- Monitor RGB 14"

AREA DE HUMANIDADES Y AREA DE CIENCIAS

Cine	¿SABES QUIEN fue el maestro de los dibujos animados? ....
Aventuras	¿SABES QUIEN murió sin saber que había descubierto América? ....
Literatura	¿SABES QUIEN fue el Manco de Lepanto? ....
Historia de los pueblos	¿SABES QUIENES fueron los Reyes de España que se casaron en secreto? ....
Deporte	¿SABES QUIEN fue el futbolista que mereció el apodo de "La Saeta Rubia"? ....
Música y danza	¿SABES QUIEN creó la escala de siete notas? ....
Pintura y escultura	¿SABES QUIEN se especializó en pintar frailes? ....
Arquitectura e ingeniería	¿SABES QUIEN dejó inacabado un peculiarísimo templo en la ciudad de Barcelona? ....
Matemática	¿SABES QUIEN inventó la numeración de diez signos? ....
Medicina	¿SABES QUIEN contribuyó a que a la humanidad le duela menos la cabeza inventando la Aspirina? ....
Invención y Ciencia	¿SABES QUIEN inventó el telégrafo eléctrico? ....
Guerra	¿SABES QUIEN puso a Roma en peligro atravesando los Alpes con sus elefantes? ....
Locomoción	¿SABES QUIEN fue el primer viajero espacial? ....
Energía	¿SABES QUE clase de energía posee el agua de un pantano? ....
Nº aciertos	....

XII CONCURSO ESCOLAR PROGRAMA CULTURAL

Tenemos el honor de invitarles a la exposición del Concurso Escolar Programa Cultural donde tiene su hijo/a un magnífico trabajo presentado, que ha realizado en el Colegio. Se encuentra seleccionado entre los ganadores y ha merecido premio.

Rogamos a los padres pasen a recoger el premio en compañía de su hijo/a en:

PREMIOS

Un Ordenador Personal Valorado en **156.336** Ptas.

Opción Beca de 500.000 Ptas. Libros, cuentos, rotuladores, ...

Un Diploma a nombre del concursante por haber participado.

ordenador inves

Mod. Teide 416

- Procesador Pentium 166 MMX
- 16 MB de RAM
- 2,5 GB de disco duro (ROM)
- MULTIMEDIA
- Lector de CD - 24X (el más veloz)
- Monitor **RGB 14"**

Presente esta invitación para anotar el número del sorteo para este ordenador

Horario de EXPOSICIÓN:

Concurso juvenil para alumnos de EGB

Con gran participación de alumnos que actualmente imparten los ocho cursos de E. G. B., se sigue realizando el concurso de ¿Cuánto sabes?, patrocinado por el Centro Promotor de "Océano Exito".

Dicho concurso está motivado para promocionar la cultura entre la población escolar, acercando a los participantes el maravilloso mundo del libro, mediante un test de conocimientos basado en las dos áreas principales como son Humanidades y Ciencias.

El test se presenta como un sencillo examen en el cual el alumno manifiesta su joven inquietud por aprender. Según las respuestas acertadas el alumno puede conseguir un distintivo consistente en una banda de honor. De igual forma, a todos los que les fueron corregidos los test se les hace entrega de un CERTIFICADO que le da opción a participar gratis en el sorteo de Tres Becas Salario, que el Centro Promotor regala mediante sorteo ante notario cada trimestre.

Dichas becas están valoradas en 20.000 pesetas cada una.

Por la buena y favorable acogida que el concurso está teniendo, hacemos llegar a todos los participantes los resultados del primer sorteo trimestral del año 1981. Los agraciados y sus respectivos colegios fueron:

Niño Juan Manuel Lozada Robles, calle Ruiseñor, 3-4.º B. Granada. Curso, 4.º. Edad, 10 años. Colegio, "Inmaculada del Triunfo". Beca de 20.000 pesetas.

Niña Eva Díaz Maldonado, calle Méndez Núñez, 8-4.º C. Granada. Curso, 3.º. Edad, 8 años. Colegio, "Regina Mundi". Beca de 20.000 pesetas.

Niña María del Rosario López Cáceres, curso, 5.º. Edad, 11 años. Beca de 20.000 pesetas.

En la fotografía de Julio Pedregosa, un momento de la entrega de becas.

EL PROGRAMA CULTURAL: fue conociéndose por Granada, Málaga y Jerez de la Frontera, y la plantilla de Informadores, cada vez estaba más especializada por agentes que procedían del ramo de la enseñanza y conocían a la perfección el problema, que la obra representaba, para ampliar los conocimientos de los alumnos dependiendo del nivel que el alumno estuviera estudiando, incluyendo algunos consejos que se daban a los padres en tanto en la forma que debían tratar a sus hijos en este periodo tan importante de la formación. Una vez finalizada la reunión y aclarados los puntos más señalados de la entrevista se les entregaba un certificado firmado y sellado con el nombre de la empresa en el que figuraba el número para el sorteo de el ordenador y la beca si era merecedor de participar ante notario para hacerle entrega de la cantidad que se había ofrecido.

En la prensa local de Granada se publicaban las entregas de premios, como esta foto de prensa presenta, y da testimonio, de la entrega de bacas de 20,000, pesetas, que se celebraba ante notario.

También al finalizar la temporada en la que se realizaba el PROGRAMA CULTURAL, se celebraba la despedida con una cena en un hotel de la capital, y allí se intercambiaban proyectos para la siguiente temporada dadas las oportunas órdenes de cumplimiento.

También por estas fechas se había publicado la Enciclopedia Mundial del Futbol compuesta por seis tomos más un apéndice del Mundial 82, Esta Enciclopedia es una gran obra tanto por su contenido como por su calidad y presentación, así que los vendedores profesionales encontraron un soporte en el catalogo de gran importancia, además, se organizaron grupos de profesionales del futbol, que ofrecían la obra a los adictos y seguidores del futbol, que no dudaban en comprársela a ellos mismos.
Viendo el éxito que esta obra tenía yo monte un CLUB-FUTVELI para incrementar las ventas, y el sistema consistía en insertar en los periódicos

nacionales, un anuncio por el cual los compradores de la obra, podían obtenerla gratis, ya que entraban a jugar la quiniela de futbol durante un año gratis.

Para poder conseguir la enciclopedia gratis, el cliente solo tenía que suscribir el pedido y este compromiso, le daba derecho a jugar durante un año gratis una quiniela ya establecida y que recibía, en su domicilio rellena, que solo tenía que comprobar cada semana para ver si los resultados eran los que figuraban en la suya.

El club FUTBELI, se había creado, con la idea de hacer público el anuncio, que aquí se presenta, en todos los periódicos Nacionales, y con ello no solo era anunciar una obra puntera como la Enciclopedia del Futbol, si no también, conectar con un posible cliente que se relacionaba con Oceano Éxito, para ofrecerle además, la publicación de otras obras de nuestra catálogo.

ENCICLOPEDIA MUNDIAL DEL FUTBOL

océano

La primera obra completa del mundo sobre el Deporte Rey

Gane gratis La Enciclopedia Mundial de Futbol

Con esta quiniela, la ENCICLOPEDIA MUNDIAL DEL FUTBOL puede ser suya. Sólo necesita que coincida con los 14 aciertos de cualquiera de las quinielas de la temporada 1981-82, la próxima temporada. Para ello basta que nos remita, debidamente rellenado, este boleto al apartado, 598 de Granada. Se la devolveremos sellada para que sea válida.

Al mismo tiempo le enviaremos amplia información de las excelentes condiciones de precio y suscripción de la ENCICLOPEDIA MUNDIAL DEL FUTBOL.

Don ....
Domicilio................................
Población...............................
Ciudad.................. Teléf..............

Aproveche esta oportunidad única...
La quiniela gratis y válida por un año
y que también puede hacerle ¡¡Millonario!!

¡¡RELLENELA Y REMITALA HOY MISMO!!

FUTVELI

Apartado Correos 598 - GRANADA

28 SUR. Domingo 5 de julio de 1981

SOLICITUD DE INSCRIPCION
CON OBSEQUIO
QUINIELA

Si sus datos contienen algún error, por favor, sírvase corregirlo.

CLUB-FUTVELI Plaza Menorca, 5 - E 2 - 1.º B
Teléfono: 26 32 42
GRANADA

BASES

1.º Devuelva esta cartulina quiniela antes del día .... junto al Boletín Pedido, rellenando todos los datos.

2.º La quiniela de la presente tarjeta se juega entre 50 (CINCUENTA) socios. Entre los cuales se repartirán los premios que puedan corresponderles.

3.º La quniela que figura en la presente tarjeta es fija para toda la temporada 81-82, y consta de 8 (OCHO) apuestas.

4.º Para cualquier reclamación es imprescindible la presentación de la presente tarjeta.

5.º La tarjeta que presente enmiendas o tachaduras, no será válida.

6.º Caso de ser anulada la quniela por el Patronato de Apuestas Mutuas Deportivas, o por error administrativo, el CLUB-FUTVELI no se responsabiliza de la misma.

7.º La participación de esta quiniela es GRATUITA, y sólo tienen derecho a ella los suscriptores socios del CLUB-FUTVELI.

OBTENGA
MAYOR PROVECHO
DE SU DINERO

¡HAGASE MILLONARIO CON LA ENCICLOPEDIA MUNDIAL DEL FUTBOL!

Sr.

El boletín cupón que Vd. nos ha remitido con la quiniela hecha por Vd. para entrar a tomar parte del sorteo premio a la obra "ENCICLOPEDIA MUNDIAL DEL FUTBOL", durante toda la temporada 81-82, tiene como ventaja y dentro de la Oferta Especial de prepublicación, darle a conocer cómo puede hacerse millonario a través de nuestro CLUB-FUTVELI recientemente creado. Este puede ser su momento, la oportunidad que le brindamos es única.

Coincidiendo con el lanzamiento de la "ENCICLOPEDIA MUNDIAL DEL FUTBOL" hemos creado el CLUB-FUTVELI, para brindar a todas las personas aficionadas al fútbol y las quinielas la posibilidad de disfrutar de esta obra, al tiempo que pueda hacerse MILLONARIO, sin que les cueste nada.

El CLUB-FUTVELI jugará semanalmente una quiniela múltiple de OCHO apuestas fijas para toda la temporada 81-82, por cada 50 socios suscriptores a la "ENCICLOPEDIA MUNDIAL DEL FUTBOL".

Para poder participar como socio en esta quiniela del CLUB-FUTVELI, es imprescindible estar suscrito a la Obra, con lo que tendrá opción a premio todas las semanas durante la temporada 81-82.

La tarjeta que le remitimos, contiene el Boletín de Pedido. Debe Vd. rellenar los datos del Boletín de Pedido, firmarlo y remitirlo al CLUB-FUTVELI, junto con la quiniela en blanco. A la recepción de su Boletín Pedido, llenaremos la quiniela poniendo los signos, se la SELLAREMOS, y se la devolveremos de nuevo para que desde este instante pueda participar como socio suscriptor toda la temporada 81-82.

A esta OPORTUNIDAD, sólo tiene opción si hace su petición antes del día .... ¡SUERTE!

Atentamente, y deseándole la mejor suerte

CLUB-FUTVELI

En la puesta en práctica del Club Futveli, la respuesta comercial fue muy buena, y a los pocos días surgió, un gran inconveniente, como los anuncios en los periódicos nacionales, se ampliaban a toda España, los Delegados de otras zonas, protestaron por que aquello suponía ocupar un terreno en el que Club Futveli no podía entrar, o competir en ventas, por lo que solamente, se podían insertar anuncios en periódicos que se publicaran en mi zona. Ante no crear un conflicto con la empresa, ni tampoco con los compañeros, el sistema quedo suspendido temporalmente, y al final fue anulado sin problemas para la Editorial Océano Éxito.

Por estas fechas el Director de centro PPO, Don Juan León me pidió que por favor buscara tiempo para dar Clase o Formación de vendedores, a un grupo de cincuenta personas, ya que no encontraba ni disponía de profesores para cumplir esta papeleta que la Dirección General de Empleo le estaba exigiendo.
Mi tiempo era muy escaso, y para complacer a D, Juan le dije, que el grupo lo tenía que dividir en dos de veinticinco personas cada uno, y un grupo vendría a clase de 8 a 9 de la mañana y el otro de 7 a 8 de la tarde. Y el curso tenía una duración de dos meses,

Empezamos las clases según los textos que el Director me facilitó, y con la salvedad de que algunos de los alumnos, se interesaban mas que otros, la verdad es que después de haber terminado y entregados los diplomas, la mayoría de ellos se colocaron de inmediato, y con gran satisfacción puedo asegurar, que varios de ellos hoy ocupan cargos de empresarios o directores generales, de importantes empresas, a lo que para la importancia de este libro pueda tener, en la formación de las personas que por sus cualidades deseen seguir mis consejos, y con ello dar una respuesta aquello que les parece algo imposible, tengo que aconsejar que nada es imposible, en tanto nuestra voluntad se imponga, y el coraje despeje la pereza, y con el único fin de EMPRENDEDOR, se ponga en camino hacia lo desconocido, todos los días son buenos para empezar, y aprender, y para llegar a la meta y conseguir medallas en los juegos olímpicos hay que machacar muchas horas, hacerlo bien sin pereza, y sin agotamiento, y como aquel Antonio que empezó vendiendo cajas de cerillas y llego a juntar una fortuna sin saber leer ni escribir, siempre pensó, que nadie le iba a regalar nada y que el solo se las tenía que arreglar para ganarse la vida.

Está comprobado, que aquellas personas que terminan unos estudios, no se colocan de inmediato, empiezan por presentar sus currículos, en las empresas más influyentes, y así se estancan a la espera para ver si son llamados, pasa el tiempo, y al final terminan acogiéndose a lo primero que les sale. La profesión que ha estudiado, ocurre que en la mayoría de los casos, está profesión, se encuentra súper abastecida, y con ello a estas personas les viene el desencanto.

Recomiendo a las personas que se encuentren en esta situación, que orienten su vocación profesional o cualidades, a ponerse en contacto con la empresa que sea de su gusto, y por medio de una visita, entre en contacto con la persona que corresponda ocupar al personal, y solicite información para entrar como aprendiz, por un tiempo no superior a dos años. Yo espero que este consejo de el fruto que yo experimente en mi cargo en el tiempo que permanecí en el, sea aprovechado por muchos jóvenes que hoy están en paro.

Y piensen que la formación de su porvenir, la tienen en sus manos, en tanto ellos no se queden estancados, pensando que la vida les cierra todos los caminos, para situarse en la vida. Si, hay que ser decididos, optimista, alegre, y tirar a la basura el pesimismo, la desgana, y la pobreza de espíritu.

Uno de los casos fue, que en uno de los anuncios que poníamos para seleccionar a los candidatos, se presentó un joven con la carrera de derecho, yo no quise hacerle perder el tiempo, y cuando le informé de que se trataba el trabajo, el me contestó y me dijo, que a el no le importaba, pero que alguien tenía que enseñarle como se hacia. Pues en poco tiempo se puso al corriente, y no había transcurrido un año y fue promovido al cargo de Jefe de equipo, después a Delegado, mientras se preparaba unas oposiciones para abogado del Estado, terminó su vida laboral como Juez.

NUEVA EMPRESA

Corría el año 1980, y decidí montar una cafetería, en la Plaza Menorca alquilé un local en obra de unos 80 m2, y a un Decorador muy bueno le propuse la instalación para que en el menor tiempo posible hiciera los oportunos trabajos de montaje.
El día 1 de Octubre del 1980 se inauguraba la cafetería Heladería con el nombre de GONDOLA, Los mostradores Frigoríficos y aparatos de maquina de Café y en general todo menos la vajilla lo instalo Pedro y López, de Armilla, y los camareros iniciales fueron Sr, Antonio, y Conchita. Y como cajera estuvo un poco tiempo mi hija Ana y después mi esposa,

La duración de la Cafetería fue de 10 años, a los diez años fecha en que yo pase a la situación de Pensionista decidí traspasar la cafetería a D José Mariscal. Tras el traspaso de la Cafetería, mi dedicación se limitó a leer y escribir, pero el contacto que había mantenido con mis compañeros de trabajo no terminó y organizamos unas reuniones en diferentes puntos para no perder el contacto y tampoco el compañerismo que habíamos tenido,
La primera reunión la celebramos en Torremolinos Málaga, allí pasamos tres días maravillosos, y también surgieron nuevos sistemas de ventas. Yo presente un libro en blanco para escribir por cada uno la impresión tenida de aquella reunión.

Yo propuse que de aquellas reuniones quedara un recuerdo de cada uno de los asistentes a la reunión, por lo que inicié la propuesta escribiendo lo que yo creía que representaba aquel hermanamiento de hombres dedicados a luchar por la misma causa.

LA AMISTAD

Poder resumir en pocas palabras su significado, resulta casi de lo más imposible, cuando para describirla podrían llenarse miles de páginas, y en ellas enumerar miles de ejemplos.

Pero como prologo de este libro llamado " El libro de la Amistad", será suficiente decir que nace mediante el impulso de unos cuantos amigos, que un día ocho de Junio de 1983, se reúnen en un punto del planeta llamado Málaga, para celebrar con toda la verdad que su amistad les une, la aventura de convivir reunidos dos días completos.

Objetivo principal, será estrechar más sus lazos de amistad, revivir los mejores momentos pasados, y darse un abrazo de despedida, hasta la próxima reunión que deberá celebrarse el próximo año, en otro lugar distinto.

Aquí en cada reunión, este libro estará presente, y en el se recogerán datos adnedotas, y sugerencias de todo tipo, por entender que la amistad no tiene fronteras.

Por ser esta mi primera sugerencia, permitidme me exprese con este lenguaje escrito, en mi primer saludo a vosotros, ya que de todos soy vuestro amigo, y que por ser el libro el vínculo que nos une a todos, nos llene de satisfacción saber que cada año firmaremos en sus páginas, nuestra entrevista en señal de estar presentes y vivos, y que nuestra firma será respetada como documento legal y condicionante, para dar testimonio de la mejor amistad.

Pensad hoy todos mis amigos que el mundo que nos rodea, exige un gran esfuerzo por parte de todos para hacerlo mejor, más llevadero, más sincero, y más noble. Si de algo vale la pena saberse así practiquemos la amistad como un deporte sin rival, que siempre nos anime a ganar. "
LA GRAN COPA DE LA AMISTAD:

Los reunidos;

Luis López Cabañas
Mario Goicoechea
Antonio Martínez
Eugenio Cabello
Manuel Reina
Manuel Galiano
Federico Montilla

Luis escribió; Érase una vez 7 amigos que se reunieron en un hotel de un lejano país. El lugar donde estaba enclavado era un pueblecito de la costa, muy pintoresco y con muchas gentes, que como ellos iban a las playas a tomar el Sol. Estos amigos se conocieron hacía muchos años, el vinculo por el cual se habían conocido era el trabajo, habían empezado juntos una profesión, y a pesar de las muchas dificultades e inconvenientes, las habían ido salvando, habían creado una familia, y poco a poco sus hijos iban creciendo y ellos seguían unidos.

Al reunirse en esta ocasión, querían conmemorar tantos años de caminar juntos, y hacer un canto de amistad, y perseverar para que en el transcurso de los años, esta amistad no se rompiera por ningún motivo. El día de la despedida, estos deseos lo manifestaron y se emplazaron para el año siguiente volver a reunirse con este motivo.

Esta historia pasó hace miles de años, pero podría haber sucedido hoy......

Eugenio Cabello escribió: Solo aquel que no es capaz de ofrecer la grandeza de la amistad, no es digno de convivir, ni de que se le llame persona.

Manuel Galiano escribió; Amigos con la gran satisfacción, de haber pasado unos días muy agradables en vuestra apreciada y grata compañía, espero y deseo de todo corazón que pronto, tal acontecimiento vuelva a repetirse, y nos sirva para expresar las dichas felices, que en el ínterin hayamos pasado. Muchos besos a todos.

Manolo Reina escribió: Quisiera que este viaje se repitiese más a menudo, pues es muy emotivo el estar todos juntos.

Antonio Martínez escribió: He tenido varias satisfacciones, en este improvisado y bonito viaje. Una de ellas es unir lazos, entre personas que hace tiempo las conocí y estuve con ellas, y un día sin saber porque las abandone incomprensiblemente. Hoy esa separación la desecho y vuelvo a estar con las GENTES QUE YO HE QUERIDO SIEMPRE SIN SABER NI PENSAR PORQUE.
¡!!! Hasta el año que viene ¡¡¡¡ 10/7/83

Mario Goicoechea escribió: Amistad? Muchas veces mal utilizada, como mera sinfonía bucal.
Amistad ¡¡¡¡ Lo conseguido a través del transcurso de los años, por "todo" nuestro grupo y que ha quedado una vez más plasmado, en estos días, que para mí serán inolvidables. Mis mejores deseos a los "Federico, Manolo, Luis, Antonio, Eugenio, y Manolo G. 10/07/83

Han pasado 30 años de esta fantástica reunión, y algunos de los compañeros ya no están entre nosotros, pero al relatar en este libro, aquella convivencia que ocurrió con el solo propósito de unir fuerzas, y ayuda en la tarea de nuestro trabajo, fue ejemplar, y hago aquí la sugerencia, de que "LA UNION HACE LA FUERZA", nosotros estábamos muy unidos, lo que demostró al paso del tiempo, el empuje que la empresa que nosotros dirigíamos, saltaba a los primeros puestos de la competencia.

Este era nuestro trabajo, subir cada mes las ventas, y que con nosotros los trabajadores o agentes de ventas, cada día se sintieran más orgullosos de su labor, y cada mes se marcaban unas metas superiores, porque las personas que aprenden bien un oficio, y creen en el, viendo que su productividad les llena la cartera, jamás van a tirar la toalla, si no todo lo contrario, suben a puestos superiores, y si pueden montan su propia empresa de lo que puedo citar algunos casos.

El hombre nace como dijo Sócrates en sus memorias, con la idea clara del bien y el mal, por ello creo, que si a una persona que necesita ganarse la vida mediante la realización de un trabajo, lo correcto por el empresario, es enseñarle bien su trabajo.

Hoy salen de la universidad un enjambre de hombres, y mujeres, que pronto desean encontrar un trabajo, y por supuesto independizarse de sus padres. Han aprendido muchas matemáticas, Físicas, Química, y creen que con estos conocimientos, son suficientes para encontrar un trabajo, muy apartado de la realidad, sus conocimientos han de llevarlos a la practica, y es aquí, en donde empiezan los pataleos entre el empresario que contrata, y el empleado que ha de dar un rendimiento.

El empresario es una persona que para montar la empresa, con todos sus conocimientos ha tenido que desprenderse de un capital, que nadie le ha regalado, ni el gobierno, ni los sindicatos ni nadie, y que por sus conocimientos, según la empresa, ha de dar un rendimiento, para poder mantenerse, y seguir adelante, poniendo siempre y en cada momento el riesgo, que comporta el rendimiento que los empleados den.

En estos momentos en que la crisis es cada día más insoportable, los métodos que se deberían de aplicar, son los siguientes. Cada una de las empresas, que no han quebrado debería realizar con los agentes sociales, un nuevo programa llamado AUTOGESTION.-
Por el cual cada empresario, reuniría a sus empleados, y pondría sobre la mesa lo que se llama autogestión. ¿ En que consiste la Autogestión ?. Consiste, en que cada uno de los componentes de los obreros, que gestionan distintos departamentos, sepa y conozca los ingresos por beneficios, y los gastos, que por diferentes motivos incluidos todos,

la empresa ha de pagar. Conociendo la diferencia entre **INGRESOS Y GASTOS**, Se sabe cuanto es el rendimiento actual, y con arreglo a dicho beneficio, se ajustan sueldos y horas de trabajo, solamente así los obreros, son conocedores de que su puesto de trabajo no peligra, Pero con el sistema de Ley laboral que obligadamente ha de cumplir el empresario, no hay otro remedio que cuando el empresario se ve sin el apoyo de el crédito bancario, y la caja de la empresa entra en números rojos, solo le queda una salida, cerrar la empresa y despedir a sus empleados. Los sindicatos que a lo largo de los tiempos prestaron un apoyo al desarrollo de los obreros, y la empresa en si, han pasado a ser ellos mismos, el adversario o el contra empresario, la mayoría de las veces por asuntos políticos, sin darse cuenta, que ellos mismos están cavando su propia tumba, y si no el tiempo me dará la razón. Los sindicatos no son instituciones que los gobiernos reglamenten por medio de unas elecciones electorales, el sindicato es el medio que ha de figurar bajo el prisma de la ayuda al obrero, mediante una cuota voluntaria, que cada obrero suscribirá con esta organización, para cubrir los desajustes entre obrero y patrón.

El empresario muy lejos de pensar crear una empresa para cuando se le antoje despedir por voluntad propia al operario que le caiga mal, es un tremendo disparate, porque la empresa lo que realmente necesita, son personas especializadas en cada una de las tareas y materias que allí se elaboran, y por lo tanto, lo que si se vigila es el ejemplar cumplimiento de su tarea. Mi experiencia como empresario, me ha dejado el mejor gusto en como hoy algunos que fueron empleados con migo, me saludan y me agradecen todo lo que aprendieron a mi lado, yo era su jefe, pero también era su amigo, y sus preocupaciones, también eran las mías, las personas, cuando la vida nos pone juntos, para con el sudor de la frente ganar lo que nos es necesario para vivir, y mantener a nuestra prole, no puedes ser solo el jefe, has de tender la mano, y caminar juntos, y luchar juntos, y hablar de futuros y de proyectos que ilusionen, porque el bien de uno será el bien de todos.

Mis primeros pasos en la vida fueron, primero en la vida civil, y una vez que como voluntario, ingresé en el Ejercito del Aire, allí aprendí lo que no había aprendido en la vida civil, quizás por la corta edad. En el ejército, lo primero que se aprende, es a cumplir con tus obligaciones con la mayor responsabilidad. Estas dos cosas, te obligan a conformar tu carácter, con lo que nunca se te ocurrirá preguntar ¿ por que ? has de cumplir una orden que un superior te da. En la vida civil, ocurre cada día con más frecuencia que el obedecer, cumplir una orden, ser correcto, y mantener una disciplina se entiende como algo que no se puede tragar.

Pues ¡¡¡ Que se abra creído el capullo este, ¡!!! Es lo primero que piensa al rebotarle en su cabeza, que aquello que ha de cumplir, le repatea y su desconfianza le llena de polémica, y desagrado. Por esto entiendo que para ser Empresario, lo primero que se tiene que tener es una buena psicología, y medir mucho el carácter de cada persona.

En algunos libros que he leído sobre estos temas recuerdo muchos de sus consejos y no voy a dejar de comentarlos, antes sin hablar del AVANCE TECNOLOGICO.

El avance tecnológico fuerte, que España y otros pises tuvieron a partir de los años 60 ha sido muy a tener en cuenta, por la cantidad de puestos de trabajo, que la técnica ha quitado. Mirando por ejemplo, el desarrollo en la agricultura, la mano de obra que se generaba en muchos pueblos, y que de ello vivían muchas familias, han desaparecido al introducir maquinaria agrícola moderna, antes el trigo se recogía con segadores, hoy una máquina ciega limpia y envasa al mismo tiempo, y el tiempo que invierte es muy poco y para el agricultor es mucho más económico, lo que antes se precisaba para arar la tierra hoy un tractor, en pocas horas, ara una finca de unas diez campos de futbol. La recogida de aceituna hoy, también se hace con máquinas, que en dos horas recogen una finca entera. En la pesca hoy son pocas las personas que con una barquita como antes puede sobre vivir, los grandes barcos de pesca, dotados de radares, que detestan los bancos de pescado, faenan con muy pocos pescadores, y el pescado que capturan en una semana, equivale a lo que antes, mil pescadores pescaban en un mes. La informática ha destruido miles de puestos de trabajo, pues un operario en un Banco, ante un ordenador puede realizar el mismo trabajo que antes realizaban 20 personas. El la construcción una máquina escavadora, abre zanjas y mueve tierra, y carga camiones con sus palas, en una proporción que antes se empleaban muchos obreros para realizarlo. He visitado una factoría en Puerto Real, que fabrica parte de los componentes que lleva el avión A 380, mi sorpresa fue enorme, cuando el ingeniero aeronáutico, demostró como un solo operario, ante un ordenador le daba ordenes a un conjunto de máquinas, que ellas solas recogían las planchas de fibra de carbono, las situaban en el lugar donde se iban a taladrar, y remachar, con otras con una precisión milimétrica, imposible que aquello se pudiera realizar a mano por personas.

Toda esta revolución tecnológica, nos ha llevado a que en unos 40 años, los puestos de trabajo en la mayoría de los pueblos, no tengan otra salida que incrementar cada día más el paro, y que con las ayudas del gobierno (llamado PER), no sea la solución que un país como España necesite, para cubrir el tan deseado puesto de trabajo.

Yo ante esta situación, no veo una solución al problema mediante los cambios que los ministros de trabajo, quieren atajar promoviendo leyes, que no conforman ni a empresarios, ni tampoco a sindicatos, y menos a obreros. Seamos sinceros, y vayamos al meollo de la cuestión. Desde hace muchos años yo vengo viendo el problema a la solución. Ante la creación de empleo solo hay una solución.
Los estudiantes que se forman en los colegios, y en las universidades, al Estado le cuesta mucho dinero, con el agravante, de que una vez terminan sus estudios, no encuentran trabajo, y lo dicen las estadísticas, el 45% de los jóvenes están en paro, un drama familiar, pues han de seguir con sus padres, porque no tienen donde ir, ni el futuro que se les presenta es muy oscuro. ¿ por que se ha llegado a esta situación?.

¿ Por motivos políticos ? ¿ Por que los empresarios que ocupan al personal no quieren más empleados ? ¿ Por que los sindicatos estorban en la labor de la creación de puestos de trabajo?. Sea la causa que sea, la cuestión es aterradora, por ello quiero hacer un favor al desplegar en este libro, los condicionantes que con ellos se llegaría a la solución del problema.

Hoy mundialmente existe entre los mercados una gran competencia, es decir hay que reconocer, que entre los mercados su papel más importante es vender lo que allí se produce, y sino se vende, la empresa cae en picado, por eso tenemos que tener en cuenta que la mayoría de los países imponen sus marcas, con lo que los demás no venden lo que fabrican, y se ven abocados a reducir plantilla. Yo insisto una y mil veces, que para salir de esta crisis en España, lo que más necesitamos son en cada empresa un gran grupo de excelentes vendedores, muy especializados, que aparte del sueldo que cobren tengan un incentivo por ventas.

Otra forma de ganar mercado consiste, en la innovación, si conocemos el producto nuestro, también hemos de conocer los productos de la competencia, analizarlos, ver sus características, y conociendo este detalle, mejoraremos el nuestro, y a la hora de introducirlo en el mercado, podremos demostrar que lo nuestro es diferente, en muchas partes, que hemos de conocer, para rebatir el producto de la competencia.

Si nos hacemos una comparación con el deporte, veremos como habiendo en el mundo miles de equipos de futbol, España conquistó ganó, la copa mundial de futbol. ¿ Porque no la ganaron los demás?. Simplemente, porque los demás, no entrenaron mejor o lo suficiente, pues en el trabajo ocurre lo mismo, no se puede adoptar la razón, de que yo cumplo en mi empresa las horas, me lavo las manos, y a fin de mes pongo la mano cobro y los dolores de cabeza para el empresario. La empresa no es solo del empresario la empresa lo somos todos, y todos, vamos en el mismo barco, incluso hasta los que no trabajamos en ella, hablar bien de una empresa, en nuestro país repercute en el bienestar común de todos los que habitamos en esta patria.

Por eso no entiendo, ese fenómeno de las huelgas, o no pensamos bien, o nos estamos destruyendo nosotros mismos, hacer "!HUEGAS" ¿Para que?. Con la huelga la empresa se debilita, no produce, y lo que es peor, los operarios se revelan en contra de la empresa, o cualquier otro estamento, con lo que el rendimiento se desmorona. Y después, ¿Qué pasará cuando la empresa se caiga y los obreros pierdan sus puestos de trabajo?. ¿A quien reclamaremos después?. Nos apuntamos al "PARO" o al "PER" y ¿Con eso hemos arreglado nuestro problema?. Llevamos muchos años sin darnos cuenta de que las huelgas son nuestra ruina. Mientras nosotros hacemos huelgas, otros países se frotan las manos, viendo como cada día caemos mas bajos, mientras ellos venden los productos que fabrican con normal facilidad, y se sitúan en un lugar mas prospero que el nuestro. Ellos dicen…..!!!!pelearse¡¡¡ ¡!!!pelearse¡¡¡. que eso nos viene bien a nosotros.

LOS SINDICATOS.-

¿Qué es un sindicato?.- Es una organización democrática integrada por trabajadores, en defensa y promoción de sus intereses sociales, económicos, y profesionales.
Si analizamos cada una de estas palabras encontramos:
ORGANIZACIÓN.-
Si, democratica integrada por trabajadores.
En defensa y promoción de sus intereses…¿de quien?. Económicos y profesionales.
Es maravilloso, si estas palabras "Económicos y Profesionales", fueses cumplidos como en un principio se creo. SERIA MARAVILLOSO.-
Pero hoy lo que ocurre, es que los Sindicatos, se han desplazado, sin ningún objetivo importante de mercado. No quieren, o no lo hacen tomar nota, de cómo actúan otras organizaciones sindicales, en otros países, por lo que con mucha frecuencia escuchamos a la mayoría de los obreros quejarse y renegar, de estas personas, que a su juicio propio no les solucionan ningún problema, culpándoles del paro, en este país, sin que ellos se preocupen de poner medios, para solucionar el mal que cada día aumenta, SIN QUE DEN SOLUCION ALGUNA AL PROBLEMA.-

No caigamos en la táctica de los enfrentamientos, con nuestra empresa, haciendo huelgas, que no valen para hacer fuerte nuestro país, y si para destruirlo. Porque cuando la empresa que nos alimenta, caiga, los sindicatos no nos van a levantar. Hay que ser inteligente, y saber cuanto damos a la empresa, y cuanto recibimos, por el trabajo que aportamos- A una empresa, lo que más le importan, son sus empleados, sin ellos la empresa no existiría, por lo tanto cuanto más unidos estemos, sin oír cantos de sirenas y con el sentido común despierto, mejor nos irá, y cada día, veremos como la empresa sube y con ella también nuestra tranquilidad, al saber que nuestro puesto de trabajo, está seguro, y que nuestros hijos disfrutarán de mejor bienestar. Solo los más ingenuos son los que se dejan llevar por los cantos de "SIRENAS".

Yo lo aprendí de mi padre, y siempre he seguido sus consejos, por esto hoy me dedico a escribir este libro, que pienso puede ser, de mucha utilidad para acabar con la situación del paro para siempre, y que los jóvenes abran los ojos y sigan mis pasos.

Para dar una idea del organigrama de una empresa, he creído importante, incluir un grafico censillo para que las personas que ignoren como está constituida la empresa vea como es su composición. Aquí vemos los dos canales más importantes. Uno indica las entradas de capital, y otra, las salidas. Cada una en el siguiente esquema da a conocer los departamentos, de entrada y salida por los motivos señalados.

Ya anteriormente comentaba,. Que nunca las salidas de gastos, debían superar a las de entrada de ingreso.

Quiero comentar una de las partes más importantes, que están sucediendo en nuestro País. Cuando se configuraron, las autonomías, se pensó que se había resuelto el problema que venía de tiempos pasados, al configurar el problema creando en el estado nacional catorce autonomías nuevas, y así dando CAFÉ PARA TODOS.- las autonomías, todas iban a respetar el acuerdo, y la economía sería igual para todas.

Pero no ha sucedido así, ya que cada una de ellas se ha configurado como un territorio que gobierna a su antojo, y creando una desigualdad diferente en cada una de ellas.

No se pensó en este problema cuando se crearon las autonomías, primero en los gastos que en cada una de ellas se originan, y segundo en el antagonismo reciproco entre ambas. Hoy nos damos cuenta del tremendo error que en aquella fecha se cometió, y lo malo es que en este País, va ha ser muy difícil, desmontar este tinglado, ya que a estas alturas estamos viendo que ya, no se conforman con ser una parte de el territorio Español, ahora quieren convertirse en estado propio, por lo que la preocupación y el descontento que esto origina en el resto de las demás autonomías, no tiene arreglo. Por ello en la opinión pública vemos como para poder cubrir los gastos que suponen las autonomías han de recortarse gastos en, sanidad, educación, gastos sociales, personal, y subir impuestos, a todos los niveles.

No tenemos generación de capital, para mantener las autonomías, y saldar la deuda que tenemos que pagar, por muchos arreglos que los gobiernos quieran imponer, siempre existirá el malestar en cada una de las autonomías.

Lo más prudente sería que en el parlamento, los partidos políticos, tomaran las riendas y reformarán la constitución de buena manera, corrigiendo la metedura de pata que se hizo en principio, y las antiguas autonomías, se les dejaran como estaban, pero aportando los gastos que por servicios y mejoras ellos debieran contribuir.

Creo sinceramente que esta será la mejor solución, para poder afrontar y no recortar más necesidades a las clases medias, que son las más perjudicadas en estos tiempos.

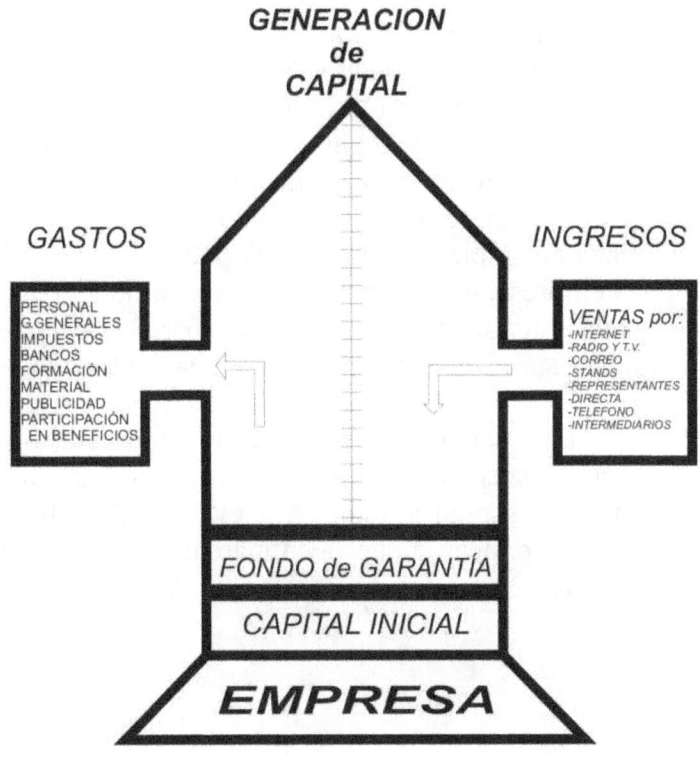

Una empresa es muy fácil de montar, lo importante es apuntalar los pilares más importantes como son: CAPITAL INICIAL, Y UN FONDO DE GARANTIA,- esta es la base, según el esquema que reproducimos.

A partir de configurar el destino para el que se va a emplear la empresa, el siguiente paso es, realizar un estudio del marcado que la misma va a ocupar, seguido, empezamos a calcular los gastos fijos que hemos de emplear, para abrir la puerta del negocio o la empresa, una vez seleccionado el producto, que hemos de fabricar o vender, para poner en funcionamiento, al personal que se ha contratado.

La introducción, en el mercado, requiere una semana antes de abrir las puertas, insertar unos anuncios en prensa, radio, o televisión, con objeto de dar a conocer la puesta en marcha del negocio o la empresa.

GASTOS

PERSONAL
PRESIDENTE
CONSEJEROS DELEGADOS
ASESOR FISCAL
ASESOR JURÍDICO
INGENIERO TÉCNICO
PERSONAL TÉCNICO
PERSONAL MEDICO
PERSONAL ADMINISTRATIVO
PERSONAL CUALIFICADO EXTERNO
PERSONAL NO CUALIFICADO

GASTOS GENERALES
OFICINA CENTRAL
DELEGACIONES (ALQUILER)
ALMACENES (ALQUILER)
DESPACHOS DE VENTAS (ALQUILER)
TRANSPORTE DE MERCANCÍAS
CORREO (MAR-TIERRA-AIRE)
LUZ, TELÉFONO, AGUA,...
I.B.I.
MATERIAL DE OFICINA
MOBILIARIO

IMPUESTOS
ACTIVIDADES EMPRESARIALES
I.V.A.
SEGURIDAD SOCIAL PERSONAL
RETENCIONES

BANCOS
MANTENIMIENTO C/C
PORCENTAJE EN DESCUBIERTOS

MATERIAL
MAQUINARIA Y UTILLAJE
ENVASES
VEHÍCULOS
MANTENIMIENTO DE VEHÍCULOS

PUBLICIDAD
ANUNCIOS EN PRENSA
SPOTS T.V.
RADIO
INTERNET
VALLAS PUBLICITARIAS

FORMACION
CURSOS DE FORMACION
VIAJES
ESTANCIAS

La interpretación que cada persona pueda hacer, de los gráficos expuestos, para el comienzo de la creación de una empresa, están sujetos, a la puesta en marcha de la empresa, o el negocio que se desee instalar.

Por regla general, casi todos los negocios, comienzan con un mínimo de personal, y también de géneros, y material de trabajo. Y a medida del desarrollo que la empresa, o negocio vaya generando, es cuando cada elemento, se va ampliando, con objeto de que los gastos, no superen a los ingresos, ni que tampoco se incrementen, sobre la base del capital señalado en la escritura de la constitución de la empresa.

Es importante conocer en el momento de la creación de la empresa o negocio, los cambios que se han establecido, en el BOE, con el fin de que todas la decisiones que se tengan que tomar, estén al día en los reglamentos establecidos, ya que por regla general estos cambios, se actualizan con frecuencia, con lo que podemos incurrir, en una falta grave, ante la administración, que por regla general,. son corregidas con elevadas sanciones.

Cada empresa o negocio, es diferente, tanto en su contenido, como en su estructura, con lo que es aconsejable, antes de lanzarse a la creación de empresa, o negocio, hacer o tener presente unos conocimientos, de un estudio de mercado, o una información de otro negocio paralelo, que nos aporte si el negocio encaja en el lugar donde se desee instalar, y si contamos, con suficiente garantía, para que una vez instalados, no tengamos que cerrar por que el lugar, o bien el estudio que hemos realizado, no se corresponde con los cálculos que hemos previsto. Es por esto que se recomienda el comienzo, partiendo de cero. Con los mínimos gastos.

Podemos y aconsejamos, que tomen referencia sobre como algunas empresas han evolucionado al

correr del tiempo. (Por ejemplo, la empresa INDISTEL, donde su dueño Amancio Ortega, empezó de cero, y hoy es la mayor empresa del mundo).
Otra de las que siguieron esta misma táctica, fue MERCADONA, ¿ Que secreto mantienen estas empresas para crecer en la forma que lo hacen?.
Principalmente son dos los secretos que siguen en el desarrollo de su marcha.
Primera: El personal que trabaja en cada una de ellas, está preparado, para desarrollar su trabajo muy especializado según el negocio.
Segunda: Este personal está bien retribuido, y mentalizado, a conocer cualquier cargo en el que se precise, su aportación.

Por estos condicionantes, hago constar en este libro, que sean las empresas o negocios los encargados de la formación del personal, lo que evitaría el quebranto y ruptura de las plantillas, en las empresas. Una persona joven, se forma con la experiencia de una persona mayor, pero también, siguiendo las costumbres y disciplina del mayor, se mentaliza, y su credo está sujeto, a las personas que cada día comulga con ellas.

Cuando aconsejamos que la empresa, o negocio, parta de cero, no queremos decir que los fundadores de las mimas, no tengan un euro en su bolsillo. En el grafico presentamos a los:

BANCOS.-

El Banco es el primer punto, con el que entramos a formar parte: Ya que al formalizar la escritura de la constitución de empresa, o negocio, hemos de hacer constar el capital con el que se forma la empresa. Después, a través del banco, realizamos la cuenta corriente en la que se conforman, ingresos, y pagos, y del banco nos valemos, para conocer el DEBE y el HABER, que nos dice por donde está el rendimiento de la empresa. Si es positivo, o es negativo.

PUBLICIDAD

Es necesario conocer la impotencia que tiene la `publicidad en las empresas, ya que ella da paso a que el producto que producimos, sea conocido por la mayoría de los consumidores, para ella se emplean diferentes métodos. Pero voy a comentar uno que creo ha tenido gran relevancia: Marketing de boca en boca. A pesar del acoso diario de la publicidad y otras estrategias de marketing tradicionales, las estadísticas indican que es la comunicación de boca en boca. Las recomendaciones de los amigos y el *buzz* o rumor que se genera en el mercado, lo que convence en forma abrumadora a los consumidores.

Recientemente, la revista *Newsweek* señaló que << el rumor engrasa la enorme cinta transportadora de la cultura y el comercio, impulsando todo tipo de artículos, desde películas hasta productos de moda para el cuerpo o la mente, cada vez con más rapidez>>.

En *Marketing de boca en boca,* Emanuel Rosen identifica con precisión los productos y servicios que más se benefician con el rumor, un universo que abarca desde equipos de alta tecnología hasta libros, desde diversos productos de consumo y entretenimiento, hasta servicios legales, y ofrece estrategias especificas, para crear y sustentar, campañas efectivas de comunicación de boca en boca.
¿ Que es lo que hace que un producto "dormido" se transforme en un éxito? ¿Qué es lo que catapulta un libro recién publicado al primer lugar en las listas de best-séllers?.
¿Cómo deciden las personas que objeto comprar, que película ver, o cual es la moda que mejor se adapta a la imagen que desean mostrar?. El Marketing de boca en boca. Por lo tanto deseamos que sigan las recomendaciones que exponemos en el capitulo EMPRESA, sus conocimientos son útilmente recomendados, ya que siguiendo sus estrategias, alcanzaran los planes premeditados.

EMPRESA.-

En el esquema del grafico expuesto, empieza con el nombre que la empresa o negocio tenga, es decir su nombre, si es un banco por ejemplo (Banco Santander). Seguidamente, ha de hacer constar en escritura el capital social, en este capital ha de figurar si la empresa es una sociedad anónima, una empresa regular colectiva, una empresa individual, o de otro nombre. Y según del capital inicial ha de responder con un fondo de garantía.

Seguidamente tenemos en el esquema dos brazos; uno de INGRSOS, y otro de GASTOS,

<u>INGRESOS</u>.- Se entiende que en el libro de registro del HABER, tenemos que anotar
Todos los ingresos que entren en caja, procedentes de las ventas, o transacciones que la empresa realice. Por ejemplo (Podemos realizar ventas por Internet, por radio o televisión, por correo, por feria de muestras, por representantes libres o comerciales, por contrato directo con agencias o comercios, por teléfono, o bien por medio de un contrato directo a placitas.

GASTOS.- Los gastos corresponden a las anotaciones que han de figurar en el libro de contabilidad DEBE, estos gastos anotamos los más impotentes, como son los gastos de (Personal, en sueldos más dietas, Pluses, viajes, congresos, y en general todo lo que salga de caja. Incluidos los gastos de hacienda.

GENERACION DE CAPITAL.-

En la generación de capital consiste en los balances que cada cierto tiempo la empresa realiza para ver los resultados del desarrollo de la misma, y con los resultados obtenidos se modifican algunas de las partidas, bien sean de INGRSOS, o de GASTOS, esta comprobación es la señal, que nos anima a seguir ampliando o reduciendo apartados así como también estudiando los cambios que deban hacerse, ya que sin estos datos la empresa no puede maniobrar con una garantía firme.
Si los resultados son positivos, las empresas abren nuevas sucursales, con lo que necesariamente requiere un aumento de personal, y la empresa crece, produciendo y creando riqueza,
Pero si por el contrario los resultados son negativos, la empresa ha de cerrar oficinas, y sucursales, con lo que se produce el consiguiente despido de personal. Al no haber generación de capital.
Quiero dar a conocer que el tiempo que me tocó dirigir como Gerente Comercial la evolución de la empresa Océano Éxito S.A. en la zona de Andalucía, se realizaba cada mes una conciliación bancaria para saber como se comportaban los Ingresos con los Gastos, ya que el Banco era la

oficina más fiable y en sus extractos debían de coincidir con los libros de apuntes nuestros.

Hoy que disponemos de un ordenador que conectado con el Banco en cada momento podemos ver la marcha de la empresa, es mucho más fácil la administración de los negocios, grandes, pequeños, o medianos. El avance de las nuevas tecnologías, tanto en Bancos con en Supermercados, hoy son las máquinas las que suplen muchos puestos de trabajo, emiten facturas, y registran al mismo tiempo los saldos que se van generando en las estanterías.

Y ya en muchas empresas, las facturas no las emiten en papel, haciéndolo por Internet lo que conlleva un ahorro de papel y mano de obra muy importante.

MARKETING.-

Por regla general casi todas las empresas han de realizar campañas para anunciar sus productos, y abrir mercado, este capitulo es de vital importancia, ya que la mayoría de los medios que se usan para que la publicidad llegue con garra al mercado, ha de realizarse por medio de prensa, televisión, vallas, radio, y otras más. Este mecanismo en la venta de un producto debe hacerse con acierto. Si el coste de la publicidad encarece el precio, han de buscarse otras formulas, de modo que sea lo más económico posible. Pero ante todo recomendamos, un sistema de publicidad, que ya explicamos en otro capítulo, y consiste en el **marketing** de boca en boca.

Este sistema se realiza por medio de una plantilla de agentes de ventas, que realizan su trabajo, mediante un contrato mercantil, y solo cobran por producto vendido, los agentes comerciales, son personas muy bien formadas, conociendo el producto totalmente, y su información se realiza, con la seguridad que al mismo tiempo que se da a conocer, se formulan los pedidos de genero. Y al mismo tiempo, el comprador se convierte en un agente, que da a conocer el producto por medio de la comunicación de boca en boca.

PERSONAL ESPECIALISTA.-

La composición de la plantilla de personal especializado, en la producción de la mercancía, que la empresa deba tener, se recomienda que este personal, tanto masculino como femenino. Empezando por el presidente, Consejeros delegados, Ingenieros técnicos, Han de ser personas de una solvencia total en el conocimiento de todos los apartados que correspondan al desarrollo del producto a fabricar. Y los Directores y Gerentes Comerciales, que gestionan el apartado comercial, son una de las partes más importantes en la empresa, ya que de ellos corresponde, la obligación de abrir el mercado, para gestionar la venta, y mover el control de producción.

Son muchas las empresas, que por un mal ordenamiento de sus ventas, han tenido que entrar en pérdidas, por que los gestores de las ventas, no han tenido la suficiente información del día a día, y se han dormido en los laureles. Por lo que tanto ventas como producción, han de ir muy juntos y acompasados.

En mi tiempo de Gerente, pude observar uno de estos casos, al comprobar como la empresa, se había lanzado a la producción de una clase de producto que apilaba en palet, sin previa comprobación de su acogida en el mercado.

Por esto es recomendado los primeros tanteos de cualquier producto, que se quiera lanzar al mercado, lo que no basta solo con la publicidad que se realice sobre el mismo, es preciso conocer en el estudio de mercado, el tanto por ciento que acepta el producto.

También hemos de recibir información, de un abogado o experto jurídico, para la puesta en marcha de la nueva empresa, ya no podemos caer en la ocurrencia de ignorar las obligaciones financieras, y documentación requerida para el mismo.

No podemos olvidar que una de las partes que forman el completo de los requisitos es sin lugar a dudas, una póliza de seguros, con una compañía solvente, para poder estar tranquilos y a salvo de algunos de los desastres, que por desgracia suelen ocurrir, incendios, robos, etc.

GASTOS GENERALES.-

El capítulo de gastos generales, requiere un planteamiento especial, ya que son de máxima importancia, empezando por que parte de la imagen de la empresa, está sujeta a estos gastos. Desde la oficina central, mobiliario, y decoración, hasta los gastos en material de oficinas. Todos los escaparates que muestran las existencias de nuestros productos, han de presentar un exquisito reflejo de nuestro producto, ya que para el público, este detalle es imprescindible para atraer la atención de los futuros compradores.

Las delegaciones, y stop de ventas, bien sea en ferias, o exposiciones, requieren una especial atención, ya que la instalación donde se ha de exponer nuestro producto al público ha de colocarse, en sitios por donde el publico visitante tenga más luz, ventilación y tranquilidad de ruidos, que impidan la presentación. No es aconsejable exponer un stop, muy cargado de material, si por el contrario, ha de ser primordial que la presentación al público se haga abierta y brillante, para que las luces que den sobre el producto llamen la atención, bien sea por su brillo o su colorido. Por regla general suele tener un gran impacto, que el stop, o la exposición, estén atendida por bellas señoritas, y que su trato con el público, sea simpático y agradable, y al mismo tiempo, con un gran conocimiento del mismo.

Psicológicamente hemos sacado por estadística, que el público que curiosea una exposición, no todos van a comprar, pero si una señorita, le atiende, y lo primero que le está vendiendo es su agrado, su simpatía, y su belleza, este es el primer contacto que da comienzo, a que el cliente se deje informar, de la clase de producto que le estamos ofreciendo, que es posible, que sin esta ayuda nunca se hubiera parado en nuestra exposición, ignorando la utilidad que el mismo, le va a proporcionar, y como comentábamos, anteriormente, servirá para la propaganda que de boca en boca, se realiza por medio de estos sistemas.

Hoy hemos comprobado que las ventas realizadas por señoritas, que estén preparadas para desempeñar su trabajo como comerciales, suelen tener más éxito que los hombres, ya que la mujer, suele aportar al producto que vende o representa,

un cierto amor, lo envuelve en su presentación, con una dulzura muy especial, y refleja en el cliente la sugestión hipnótica de el deseo de posesión, al punto de facilitar la compra del mismo.
La mujer es perseverante, hacedora, de un ingenio dominante, que a la hora de conquistar la consecución de un objetivo, no retrocede, y con su simpatía y su dulzura, abre mejor que el hombre las metas que se propone. Por eso aquel refrán que dice: (Si una mujer te pide que te tires por un tajo: Pídele a Dios que sea bajo)

Y para terminar el capitulo de las necesidades que hemos expuesto, terminamos el mismo haciendo una recomendación muy especial. Lo más importante que requiere la formación de un empresario es: Poseer un gran entusiasmo de EMPRENDEDOR, y con un ANIMO, por los cielos, y un gran deseo de SUPERACION.

 Las personas son todo aquello que se proponen hacer o construir, tenemos miles de ejemplos para imitarlo, y con la fuerza de voluntad el empeño, todo se consigue.
Quiero poner el ejemplo de Teresa Perales, una mujer que el destino le mandó a estar paralítica sentada en una silla de ruedas, se propuso ejercer el deporte de natación, y hoy goza de haber conquistado el podio de lo más alto.

Ella cuenta, es posible ser feliz cuando la vida te ha dejado sentada en una silla de ruedas a los 19 años?. La pregunta puede resultar impertinente, incluso un poco violenta, pero la respuesta de Teresa Perales es definitiva: SI. Y a juzgar por su ánimo y su sonrisa casi permanente, su espíritu y su empuje, uno acaba convencido de ello. La mejor deportista paralímpica de todos los tiempos decidió el pasado mes de septiembre hablar de tú a tú al coloso norteamericano Michael Phelps, igualando su récord de medallas olímpicas.

El tiburón de Baltimore había cosechado 22 metales; la sirena de Zaragoza, otras tantas. Pero, en los juegos de Londres, Teresa consiguió mucho más: logró que se hablara de las Paralimpiadas en un país donde el futbol es rey absoluto; nos emocionó cuando la vimos abrazar a su hijo; nos enseñó a mirar más allá de su silla de ruedas, y demostró que cualquier reto se puede superar. Ya tiene 22 medallas olímpicas, como Michel Phelps, más 11 en mundiales, 22 en campeonatos de Europa. Seguro que no podía pensar en algo así cuando se quedó en una silla de ruedas a los 19 años. Y dice: Solo hay una cosa en la vida que te pueda quitar la Sonrisa, y por un tiempo: La muerte. Lo demás, tiene solución.

Traigo este ejemplo al libro que espero sea un toque de atención, aquellas personas que caídas en el desánimo, pueden levantar un imperio dentro del mundo empresarial como ejemplo de los mejores emprendedores, la suma de decisión, voluntad, coraje, y espíritu de superación, darán al traste con la solución a un problema que cada día la vida nos plantea.

Si eres una persona Positiva y colaboras con personas con personas que también lo son acabarás Contagiándote, SER FELIZ DEPENDE DE TI.

COMO ACABAR CON EL PARO EN ESPAÑA

He de reconocer que este problema viene de lejos, por no haber previsto con el debido tiempo, que el avance tecnológico, era la causa principal para darse cuenta, que debido a ella, peligraban infinidad de puestos de trabajo.
Hoy el poder corregir dicho problema, requiere que muchos jóvenes que han terminado sus estudios, recapaciten en que su tiempo, ha pasado, y que en estos momentos su planteamiento, es empezar de nuevo, yo dándome cuenta de ello, cuando un hijo mío terminó la carrera de derecho, le advertí, de que tenía por delante que empezar dando a su trabajo un giro de 180 grados, o lo que es lo mismo, empezar de nuevo, por los tiempos que corrían.
Si, hoy vemos, como muchos jóvenes, con estudios superiores, están haciendo trabajos que nada tiene que ver, con los estudios que han realizado.
Su situación les obliga a hacer cualquier trabajo, sea como sea, para poder salir adelante. Y la verdad es que ellos mismo, he incluso su familia creen que la culpa de que no encuentren trabajo, la culpa es del gobierno, o bien de las empresas. Nunca en todos los tiempos, el personal obligado a ocupar un puesto de trabajo, al llegar a la edad adulta, le ha

sido fácil. Pero conforme avanzan los años, cada día es más difícil. ¿Por que le es más difícil?, Porque en su preparación, no eligió el camino correcto. Muchos jóvenes, al finalizar sus estudios primarios, y obtener la revalida, piensan, o creen que pueden elegir la especialidad o carrera que se le antoje, y que tan pronto la termine, le van a llamar para ocupar un puesto de trabajo corriendo. No, la formación para ocupar un puesto de trabajo, es la primera tarjeta de identidad, que un empresario, le va a exigir al solicitante para ponerlo a trabajar, sin los conocimientos, en la especialidad que intenta ocupar, no lo va a conseguir NUNCA.

Yo hablo por mi mismo, en la fecha en que con 20 años y los estudios que había recibido, tenía por delante una papeleta igual a la que tienen la mayoría de los jóvenes hoy, pero con el agravante, de que tenía que hacer el servicio militar.

Mi vocación era llegar a ser piloto de líneas aéreas, y en el año 1949, las cosas estaban muy difíciles, y los medios económicos, eran escasos. Por lo tanto, el primer paso fue hacer el servicio militar en Aviación, desde allí, quizás me sería mas fácil informarme de los pasos mas inmediatos, que debía dar. Por lo que decidí, prepararme las oposiciones para la Escuela de Especialistas. En el año 1950 solicito a estas oposiciones y en el mes de Mayo soy llamado a exámenes y practicas. Solo había convocadas 200 plazas y los opositores nos presentamos 4000,

El día primero de Septiembre, ingresaba con el número 36 en La Escuela de Especialistas para la especialidad de Armero Artificiero. En dos años 1952, me entregaban el Titulo de Armero Artificiero, y fui destinado como Especialista en Armamento a la Escuela de Caza de Morón de la Frontera. Para conseguir el título no pague ni una peseta, por el contrario estaba alimentado gratis vestía gratis el uniforme militar que vestían los alumnos. En dos años fueron suficientes para realizar los estudios o conocimientos de una especialidad, que como las armas y los explosivos comportan la mayor de los riesgos, al tener que manejar detonantes y explosivos muy sensibles que al ser montados en los aviones de guerra, luego has de volar pegados a ellos, sin miedo a que pueda ocurrir una desgracia.

SOLUCION AL PROBLEMA

Para todos aquellos jóvenes que estén en paro, y no encuentren trabajo, ni esperen obtenerlo, yo les aconsejo que hagan una especie de examen de conciencia, y vean cual de las especialidades que ellos conozcan, le gusta más, y una vez pensada la idea, se pongan en contacto con la empresa de la especialidad, hagan una visita a la empresa, y conecten con el director, o la persona encargada de las relaciones laborales.

Y después de una entrevista, pidan, que el está interesado, en aprender esta especialidad, y que se compromete a ingresar como aprendiz, por dos años, sin cobrar ni un solo euro, pero que lo hace con el propósito, de ocupar un puesto de trabajo, una vez finalizado su aprendizaje, y cubriendo la vacante de un jubilado. Todo bajo la supervisión, del jefe técnico, quien dará el visto bueno, de la eficiencia de su aprendizaje y capacitación.

En la BOLSA- encontramos muchísimas empresas, para poder elegir aquella que más se adapte a nuestro gusto, y estoy seguro, que por este procedimiento, en dos años caso de haber sido admitido, tengo la seguridad de que el paro juvenil, se ha terminado. Dice un refrán verdadero (No pidas un pez para comer) Pide una caña y aprende a pescar. He sido una persona que he formado a muchos jóvenes, que no tenían futuro, y hoy algunos, son Directores Generales de empresas, que los buscaban como superhombres.

ESPECIALISTA.-

Quiero avanzar en mi consejo, para prevenir lo que hace 20 años debería haberse hecho, pero antes de entrar en el tema, quisiera hacer un apunte sobre el método, que hoy se emplea para realizar la ocupación de las personas que quieren trabajar.

Tenemos unas oficinas, que se llaman Oficinas de Empleo, a estas oficinas las personas acuden, para pedir que les coloquen. Y una vez que han sido tomados los datos más importantes, se marchan a sus casas, a esperar que le llamen. Así esperan días, meses, años, o nunca los llaman. ¿ Es posible que un Sr. Ministro/a no se de cuenta de que esto es un sistema insoportable?. Si INSOPORTABLE, ¿ Qué tenemos que cambiar ?. Pues al Sr. Ministro/a por un psicólogo/a, en cada uno de los colegios que están para enseñar y preparar a personas para que sean útiles para la sociedad.

Yo creo, y así lo arreglaría en los colegios, exigiría un psicólogo/a, para que todos los alumnos a partir de la edad de 12 años, y hasta los 16, cada sábado de la semana, por obligación, asistieran a la proyección de una película, en donde ellos vieran como se hace o se forma un Especialista, de cualquier rama del trabajo.

Un ESPECIALISTA, Si, de todas las profesiones, (Con los estudios necesarios, y practicas exigidas), y que al finalizar la película, cada alumno debiera hacer un comentario, sobre lo que le ha parecido, rellenando una ficha. Y esta ficha, guardarla para así unir todas, al expediente estudiantil del alumno, y cuando a los 16 años dicho alumno tuviera que decidirse por una de las Especialidades, los estudios, los realizaría con entusiasmo, y mucho interés, y aprovechamiento, y las empresas, y los empresarios, los estarían esperando con los brazos abiertos, por que la formación de este operario/a la recibirían de las mismas empresas, desde la edad de los 16 años, a la edad de los 20.

Por importante que sea cualquier carrera, (ejemplo: Medico, Ingeniero, Investigador, Farmacéutico,) ,el tiempo de estudios se ampliaría de los 18 años a los 23. Pero su denominación para todos sería de ESPECIALISTA EN: Medicina de Corazón, o ESPECIALISTA EN: Soldadura, o fontanería etc. etc. Esto llevaría a la mente del estudiante, que la importancia entre ser, Especialista Piloto de Aviación, o bien Especialista en Soldadura, no tendría la diferencia social que aparentemente existe hoy a la hora de elegir una profesión, o estudiar una carrera. Muchas veces, son los padres, los que viendo el costo que le supone los estudios superiores de su hijo/a, aconsejan mal y le hacen elegir a su hijo/a, unos estudios costosos, pero que no le van a valer en su vida, porque no han elegido, los estudios o profesión, que verdaderamente su hijo reunía las cualidades, que a lo largo de cuatro años, un psicólogo, a podido detestar, con un porcentaje de error muy escaso, para que su hijo/a, no pierda el tiempo, si no todo lo contrario, el o ella, se vean navegando, y ejerciendo, la profesión que de verdad les gusta, y también, cada día, su valía esté a la espera de un ascenso, o cargo más responsable. Trabajar o estudiar, en lo que a uno le gusta, es maravilloso, nunca te cansas y lo practicas como si en verdad estuvieras divirtiéndote, pones toda la atención que puedes, y cada día, aprender más cosas de esta profesión.

Al Estado, los costes de la formación del personal, le resultarían más económicos, ya que las prácticas de formación, correrían por cuanta de la empresa, por lo que se ahorrarían, el tener que costear unas escuelas de formación, que la mayoría de las veces no sirven para nada, y son muy costosas.
Tengo dos hermanos, que con 16 años entraron como aprendices en una Azucarera y allí terminaron como especialistas, de aparatos muy importantes, y de mucha responsabilidad, y con un puesto de trabajo fijo para toda su vida. Este es el momento de darle un giro a la enseñanza, para que el problema del paro, no sea alimentar con la limosna del PER, a unas personas que lo que han hecho en tareas de trabajo ha sido dar palos de ciego.

Yo recuerdo, cuando ejercía como empresario, que adopté un sistema, que ya había aprendido en el ejército. Acostumbré a mis Delegados y Jefes de Equipo, a mantener cada mañana al entrar al trabajo, una reunión de unos treinta minutos, en la sala de reuniones, se preparaba el trabajo que este día se iba a realizar, y se informaba a cada uno de ellos, de los rendimientos que llevaba en cada momento, y las pegas, o problemas que se originaban, eran expuestas y discutidas por cada uno de ellos, con el fin de que todos quedaran enterados, y con ello, aprendieran de los errores, porque todos los días se aprendía algo nuevo, y la verdad es, que del más tonto, muchas veces aprendían los más listos, aquellas reuniones, fueron muy importantes, ellos mismos, se evaluaban al desembuchar lo que pensaban, sobre lo que después hacían, lo cierto era que el compañerismo, y hermanamiento, que allí se producía, valía para que a fin de mes, cada uno viera como sus ingresos crecían, al saber aprovechar todo lo que tenía valor para escalar puestos.

RENDIMIENTOS EN EL TRABAJO.-

En este capitulo quiero hacer una anotación sobre lo que es en verdad los rendimientos en el trabajo. Si un empresario contrata a un empleado, su primera meta es saber el rendimiento que dicho empleado va a realizar en su trabajo, por lo tanto, empresario y obrero, deberán estrechar sus conveniencias, para que después no tengan desajustes.
Y tanto el obrero, como el empresario, deben conocer ¿A que se dedica la empresa, y donde se vende lo que fabrica?, Y si en realidad se vende, o no se vende. Porque la inquietud del empresario, es que la empresa tiene unos gastos fijos, que si no

entra dinero, las nominas no se pueden pagar, y el puesto de trabajo del operario está en peligro.

En la crisis que estamos pasando, nos damos cuenta, que miles de empresas han tenido que cerrar, y el paro cada día aumenta, sin que los políticos y sindicatos puedan influir y sujetar esta sangría. Yo no soy economista, pero como empresario, me doy cuenta, de el porque se llega a esta situación.

Hemos dicho que tanto el empresario, como el obrero, han de conocer la situación de la empresa, así como del mercado, pues bien. ¿Por que antes de cerrar una empresa conociendo la situación, no se ajustan rendimientos con salarios?

Seamos honestos los unos para con los otros. ¿No sería más propio que en vez de despedir a un obrero, se ajustaran rendimientos con salarios? Algunas empresas, lo han hecho, ¿por que no lo hacen todas por decreto?

Cuado yo era Gerente Apoderado de una empresa Editorial, también había malos tiempos, y la plantilla de personal que yo tenía, era muy alta. Pero la empresa cada día escalaba puestos, porque cada uno, de los que integraban la plantilla, estaba sujeto al rendimiento que aportaba, todos trabajaban con un contrato mercantil, así ellos sabían la parte del pastel que le correspondía comerse, y cada día estas personas se sentían más conformes, y trabajaban con más entusiasmo, algunos de ellos hoy, son verdaderos empresarios con su empresa abierta y creciendo.

Los gobiernos, y las personas que los componen, piensan que con dictar leyes se arreglan los problemas laborales, y eso no es verdad, para ocupar puestos que solucionen los problemas laborales, es obligatorio, que estos puestos, los ocupen personas, que o bien sean empresarios, de alto nivel, o personas que sepan como se resuelven los problemas de empresas, y sobre todo, fundamental tener un gran conocimiento del Mercado, para estar atento, a los aires que hoy corren internacionalmente. En una palabra, saber ser competitivos, y no holgazanes. Hay que pisar la calle, para darse cuenta, de por donde se acercan o cambian los aires, y antes de que una crisis como la que estamos padeciendo, se aproxime, tener los ojos bien abiertos para realizar los cambios oportunos.

Hoy sabemos como varios países pertenecientes a la Unión Europea, se encuentran atrapados, mediante una deuda tremenda que los lleva de cabeza sin saber de que forma han de reducir dicha deuda. Entre ellos España.

Parece mentira, que hombres y mujeres, que ocuparon puestos de responsabilidad, en los gobiernos, no se dieran cuenta, de que no se puede gastar más de lo que se tiene, la cosa es muy sencilla. La Patria o la Nación es como la casa de una familia, si mis ingresos mensuales son (por ejemplo 1000 Euros al mes), no me puedo gastar cada mes 1500 Euros, por que si pido dinero al banco, después tendré que devolverlo, con unos intereses muy sustanciosos. Esto es lo que nos está pasando en España. Hoy España tiene que devolver el dinero que se ha mal gastado, con unos intereses tremendos.

Los ciudadanos no tienen la culpa, de que sus gobiernos, no hayan precavido este problema, lo que con mucha razón hoy, se protesta en las calles. La mala administración de los fondos que se recaudan, ha sido la causa de esta crisis. ¿ Por que este País ha de mantener 17 parlamentos, para las 17 autonomías, y mantener mas de 4000 parlamentarios, si con lo que se recauda, no hay dinero suficiente para mantener una buena educación, una buena sanidad, y unos gastos sociales tremendos?.

No quieren entenderlo los políticos, este es su cortijo, y por nada del mundo lo quieren dejar,

La economía no se arreglará, hasta que con buen hacer, los políticos, todos, se den cuenta de una vez, que sobran más de 3500, y que si queremos autonomías, será sin que tengamos en cada una de ellas un parlamento. Los españoles no tenemos que ser diferentes, porque uno viva en Andalucía y otro viva en Barcelona, u otro punto de España, lo que como personas deseamos, es que entre nosotros, arreglemos nuestros problemas, sin ningún tipo de color político, solo ESPAÑOLES.

Españoles emprendedores, y con el ánimo subido, porque la peor de las enfermedades que un País puede tener, es tener a sus ciudadanos, con el ánimo por los suelos, y desencantados, por este camino, cada día estaremos más alejados los unos de los otros, y el final lo pagaremos muy a disgusto. Si hoy tenemos que apretarnos el cinturón, lo hemos de hacer sin caer en la maldición del pesimismo, la melancolía, y el aburrimiento, si no todo lo contrario.

Por ello creo, que sería bueno romper las fronteras de las autonomías, porque las autonomías, han influido en que cada una de ellas, ha querido establecer unas diferencias entre las demás, para establecer, un antagonismo reciproco, y que entre nosotros los Españoles, terminemos peleándonos, pensando que unos están mejor atendidos que otros, y que los Andaluces están robando la riqueza a los Catalanes. Y eso no es verdad. Yo he trabajado como Gerente Comercial, para Andalucía en una empresa que estaba en Cataluña, y durante el tiempo que he pertenecido a esta empresa, he hecho muchos amigos y compañeros, catalanes y catalanas, que aun hoy después de haber terminado mi trabajo hace varios años, seguimos tratándonos, como si fuésemos familia.

¿Por que todos los Españoles no unimos lazos como Españoles, y con la misma fuerza y coraje que nos abrazamos, cuando la selección Española de futbol, gana un trofeo lanzamos banderas

Españolas y gritamos ¡¡¡España!!! ¡¡¡España!!!......Si España es nuestra casa común, y si, nuestra historia está llena de hombres, que difundieron y llevaron nuestra lengua y costumbres y creencias religiosas, a otras partes del mundo. No caigamos en la ridiculez de ver como otros Países, ellos, se mofan y se frotan las manos al ver, como entre nosotros no tenemos la unión que siempre hemos tenido. Seamos inteligentes antes que envidiosos o rencorosos.

¿ Saben lo que de verdad quieren nuestros políticos?. Nuestros políticos, que los tenemos de muchos colores, lo que quieren es tener ese sillón en los parlamentos. Si de verdad se sintieran Españoles UNIRIAN FUERZAS y todos, remarían en la misma dirección, y cuando un partido ganara unas elecciones, por mayoría, todos deberían sumarse al partido más votado, y no poner trabas, si no llegar a entendimientos, sin tapujos, para que España estuviera a la cabeza del mundo, lo mismo que hacen los jugadores de la selección nacional, de futbol, que aun perteneciendo a diferentes club, se hacen una piña, y se parten la cara, para que el nombre de España, suene en todo el mundo, y con orgullo, y sabiduría, dejemos atrás esta pesadilla, en la que nos tienen metidos esta casta política, que solo saben mirarse el ombligo, y les importa un rábano, el paro juvenil, los miles de personas que han perdido su puesto de trabajo, por su mala gestión.

Estamos en la Unión Europea, y aquí pertenecen 27 Países. Cada uno de ellos tenemos que respetar las disposiciones que se establecen para la unión. El primer paso que se dio fue para establecer unas normas para el libre comercio, después se estableció la moneda del Euro. Y hoy se proyecta un avance, para mantener un equilibrio fiscal y financiero, agrupando todo ello, por medio del compromiso de cada uno de los países.
Aportando, a un banco Central Europeo la liquidez económica que le corresponda. De forma, que ya el parlamento Europeo, es el padre de la familia Europea, que dicta las normas a seguir, para todos los demás países. Ahora bien, primero antes de poder establecer un equilibrio Europeo fiscal y monetario, esta mandado que tenemos que sanear nuestra economía, es decir tenemos que devolver con intereses, todos los euros que nos prestó el Banco Central Europeo, y que se han mal gastado, podríamos poner miles de ejemplos en como se ha dilapidado el dinero.
¿Será posible devolver el dinero prestado, si no se hacen unos ajustes tremendos? En la manera de gastar lo que por recaudación recogemos. Y ¿Cuantos años estaremos pagando la deuda? Creo que lo mejor que se puede hacer es cumplir cada uno con el deber y las obligaciones, que nos

marque la situación, y aprender de nuestros errores para que nunca más, tropecemos en la misma piedra.

Y cuando se presente el momento de volver a elegir a nuestros representantes, pensemos que méritos, y cualidades tienen para ocupar los puestos, en donde han de saber que lo que importa al ciudadano, es que esta persona, sea la idónea, y con los conocimientos suficientes, para desempeñar el cargo que va a ocupar.

También sería muy necesario que estas personas, ocuparan estos puestos, después de haber sufrido un examen, con arreglo al cargo que va a tener, porque la mayoría de ellos, y ellas, se afilian al partido, sea del color que sea, y sin mas conocimientos chupan rueda, hasta que algún amigo o amiga, del partido, los meten a dedo, y después a vivir que son dos días. UN EXAMEN sobre todo de economía, y conocimientos empresariales, para que a la hora de aportar su grano de arena, lo haga con fundamentos.

Si, para conseguir los cambios que aquí relato, hubiera que corregir algunos puntos de la constitución, creo que no deberíamos perder mucho tiempo, la gente lo esta pidiendo de corazón, pongamos manos a la obra. Mis conocimientos para poder hablar de los principales motivos que me han llevado a dar una idea, de lo que nuestra España necesita.

Se fundamentan, en el tiempo que estuve al frente de una empresa con más de 85 personas a mi cargo, donde se formaron, trabajaron, y al final encontraron la solución para buscarse la vida honradamente.

Cuando leo algunos periódicos y veo los comentarios que realizan algunos opositores al gobierno, pienso que en este país se ha perdido la cordura, no nos matan con las espadas nos matan con sus opiniones, y con los enfoques que pretenden poner en marcha, si un día ellos gobernaran.   SEPARACIONES, INDEPENDENCIAS; DIVIDIR, la Nación de España, Estas personas desconocen la historia de España.

Recuerdo, cuando yo estudiaba historia de España que un profesor nos comentó que en una reunión que Napoleón mantuvo con sus generales les dijo: < Divide y vencerás> y para demostrárselo cogió unas varas de parra, y todas unidas, se las fue dando a cada uno de ellos, para que las partieran, lo que no logró ninguno de sus generales. Después, las separo, y se las dio una, por una, y entonces si las pudieron partir. Lo que quedó demostrado que el dividir "ROMPE". ¿Es esto lo que pretenden algunos presidentes autonómicos?

Seguro que si, ellos como virreyes, apalancarían su dictadura, para que no les faltara la "mamandurria," mientras el cuerpo les hiciera sombra, y el pueblo sería un esclavo de este reyezuelo y sus compinches.

Los españoles no tenemos que caer nunca, en la trampa que esta gente, tiene metida en la cabeza. Todas las autonomías conforman el territorio español, y no importa donde tu hayas nacido, para que seas español en cualquiera de las autonomías, este debe de ser el pensamiento que no podemos olvidar, y ante todo hemos de ser PATRIOTAS, y sentirlo en cualquier parte del mundo. Llevar muy dentro este sentimiento y orgullo, ante todos los momentos de la vida, para que los embaucadores que tratan solo de arrimar el agua a su molino, no se salgan con la suya, y España un día se vea hecha trozos.

¿Por que tantos partidos políticos? Yo me pregunto, y no encuentro respuesta alguna, lo que si vengo a pensar, es que con el sistema democrático que nos hemos dado, hay una puerta abierta para que aquellos partidos que se han organizado con un mínimo de posibilidades, y sin conocimientos de lo que representa que es lo mejor para nuestro pueblo, fluyen al socaire de que mañana pueden alinearse con otro, de la misma especie y así formar una mayoría para trincar el poder. Si esto no se corrige en la constitución, mal, no va a ir a lo largo del tiempo.

Creo que los gobiernos deberían estar formados, por personas capacitadas, con conocimientos técnicos, sobre todo de economía, historia y fundamentos de organización, pero ante todo con un alto conocimiento de patriotismo, lo que todo hijo de esta patria, reconocería como el don más preciado.

Los tiempos van cambiando, y las personas que con gusto conocen como fueron otros tiempos, no comprende como es posible, que por motivos partidistas, se olvide y se incumplan los deberes fundamentales, para una convivencia normal y conveniente.
Podemos enumerar miles de casos, pero la solución está, en que el timón de este barco ha de llevarlo con rumbo seguro al puerto deseado, un conocedor del desajuste que llevamos con este rumbo trazado.

La única forma de que un país crezca, y su estado de bienestar sea cada vez más prospero, solo consiste en que su población, no altere la marcha de su crecimiento, ya que la alteración, produce desconfianza el los inversores, y los mercados, y en las personas que desean montar una empresa, o negocio, y por lo tanto lo mejor es que cada persona piense que su comportamiento en la sociedad, debe ser de serenidad, de lo contrario nada se consigue alterando la calle, que solo consigue crear crispación, y frenar a las personas que disponen de medios para crear empleo, y con ello conseguir que la estabilidad, sea lo más segura posible, y desaparezca la inseguridad en los emprendedores, por que el miedo, a lo que nos lleva, es a la crispación, la caída del ánimo, la desconfianza, y sobre todo al desanimo total.

Si es cierto, que cuando un gobierno, no ha previsto que no se podía endeudar tan tremendamente, para mantener el estado del bienestar, y con ello el derroche mal trazado, a su pueblo le ha llenado la cabeza de fantasías, lo justo sería que reconociera el desajuste, y que con la verdad por delante, reconocer su mala gestión, pero no tratar de hacer creer al pueblo, que este problema, la culpa es de los empresarios, por que ellos son los que cierran sus negocios, sus empresas, y tiran a la calle a los trabajadores, y por lo tanto la culpa del paro es de los empresarios. No es verdad, el empresario quiere y desea a sus empleados, porque sin ellos no existiría tal empresa, lo que ocurre es que la alteración en el consumo, no ha estado regulado, ni por el gobierno, ni por la banca, y la sorpresa ha llegado cuando se han dado cuenta, de que el grifo se ha cerrado, y ahora para recuperar el equilibrio, tenemos que devolver todo el capital, que se ha pedido prestado, con los consiguientes intereses. A ningún gobierno le gusta congelar los SUELDOS, subir el IVA, subir el IRPF, bajar las Pensiones, y muchos ajustes más, pero si alguien nos está pidiendo que paguemos lo que hemos trincado, es lógico que ahora vengan los tiempos de las bacas flacas, y tengamos que ajustarnos el cinturón.

Otro de los grandes problemas que se están dando, es de los desahucios, yo creo que para resolver dicho problema los bancos deberían adoptar el procedimiento de que antes de recurrir al desahucio, pusiera en practica un sistema de reconvertir el contrato de hipoteca, en un contrato de alquile, con derecho a compra, y mantener a la familia en el piso antes de tirarla a la calle, y si la familia que está ocupando el piso, un día mejoran sus posibilidades, y puede optar por la opción de compra reajustar su deuda y volver al pago de hipoteca. De esta forma, no habría el malestar que está ocurriendo en la sociedad. .

. Hay países que están superpoblados, tanto en Europa como en otros continentes, y por lo tanto sus gobiernos, se ven obligados incluso a limitar el índice de natalidad, con lo que observamos las dificultades que tienen para construir viviendas para familias numerosas, y las que se pueden construir son de muy pocos metros cuadrados. Las personas que viven en estos países, lo tienen asumido, y para ellos esta costumbre hecha necesidad, lo encuentran como una cosa normal, por lo que la principal medida de necesidad es tener un techo donde dormir tranquilo, pues la mayoría del tiempo lo pasan en sus puestos de trabajo, o bien en la calle, y su mentalidad está centrada, en vivir solo por la supervivencia, asociada al trabajo de cada día, sea del color que sea, menos estar parado, esta es su norma, es su costumbre, parece que lo hacen por inercia. Me sorprendió que una de estas personas un día montó una frutería en un local que no tenía mas de cuatro metros cuadrados, pero las frutas que vendía estaban a un precio muy barato, por lo que con frecuencia acudía a comprar a esta frutería, al poco tiempo vi. que se había cambiado a un local mas grande, y que había aumentado el genero en otras especialidades, el precio seguía manteniéndolo, barato, y el público se volcaba y ya eran dos personas las que atendían al publico, y ahora, ha cambiado este local por otro que calculo puede tener unos 120 metros cuadrados, y trabajan sábados y domingos y siempre está lleno de publico. La dueña es una mujer China, y su marido es el encargado de repostar los géneros que abastecen la frutería. ¿Donde está el secreto de su progreso?

Muy sencillo, trabajan más horas, y compiten en precios con otras fruterías, y supermercados. El local nuevo está muy bien distribuido, y los clientes se sirven las frutas y géneros que desean en unas cestas, y después pasan por caja, y la China les va marcando el peso y su precio, y siempre da como regalo una fruta a prueba, lo que al público le resulta un detalle agradable, por lo que casi obliga al cliente a no cambiar de frutería. Lo que consigue el Marketing de boca en boca nuca mejor aplicado.

Estoy convencido de que en España, después de que podamos saldar la deuda que tenemos, y los gobiernos se den cuenta de que no se pueden mantener duplicidad de cargos, y que lo importante es la creación de puestos de trabajo, y no el mantener la costumbre del PER, y las Autonomías estén ajustadas, al gasto imprescindible de la educación y la sanidad, reduciendo los parlamentos, y los gastos superfluos, España tendrá un crecimiento muy importante, y esta crisis nos habrá servido, para que nunca más tengamos que pedir dinero al banco Central Europeo, y nuestro estado de bienestar no tenga más que realizar recortes en sus presupuestos.

Es totalmente imprescindible corregir las funciones que deben desempeñar las autonomías, de tal forma que el gasto que cada una de ellas deba realizar antes de iniciar su proyecto, sea expuesto al gobierno central, y corregido, y vista la necesidad de dicho proyecto, conocer si se debe o no realizar, para que la facultad de que disponen los gobiernos autonómicos, de realizar aquello que les viene en gana, sin que nadie lo controle y le de el visto bueno, luego nadie sea responsable y aquella obra o proyecto lo tengan que sufrir los ciudadanos, mientras los culpables del "marrón" se van de

rositas, y nadie les pide responsabilidad. Pongo como ejemplo la construcción del aeropuerto de Castilla la Mancha, y otros por el estilo, se han gastado millones de euros, y no valen para nada, y lo mismo ha sucedido con los tranvías, y metros que se han construido, y ahora están cerrados por que no son operativos, también ocurre con autovías, y líneas de AVE, que se han de cerrar por lo mismo. ¿A quien se le pide ahora responsabilidad del derroche y endeudamiento que tenemos que soportar todos los ciudadanos apretándonos con recortes, para poder pagar lo que ellos han tirado?
El público en general está enfadado cabreado, pero lo peor es que muchas familias por culpa de estos derroches, están pasando muchísimas necesidades, y nos encontramos, en que estos millones de parados, no ven a corto plazo, una solución a su problema, estaban pagando una hipoteca, los han despedido de su trabajo, y además los desalojan de donde están viviendo, y se tienen que alojar de mala manera en casa de familiares, para no tener que irse debajo de un puente. ¿No les parece que todo esto es lamentable y merece una solución inmediata?

Estamos perdiendo mucho tiempo en saber si son galgos, o podencos, pero admito que si ya el Banco Central Europeo, nos ha cerrado el grifo, y hemos de recurrir a buscar dinero en el mercado secundario, para ir cubriendo lo más importante, como es la sanidad, la educación, y los gastos sociales, no espero ningún milagro, solo espero que aquellos que están al frente de solucionar el problema, acometan con todas sus energías la forma de llevar a buen puerto este barco, que hace aguas y que poco a poco se hunde más.

Dentro de todos nuestros males hemos de reconocer aquella fabula que decía:

        Dicen de un sabio.
        Que un día.
        Tan pobre y mísero estaba.
        Que solo se sustentaba.
        De las hierbas que comía.

        Y entre sí se preguntaba.
        ¿Habrá en el mundo otro sabio
        Tan pobre y mísero que yo?

        Y cuando el rostro volvió.
        Halló a otro sabio.
        Viendo.
        Que solo se alimentaba
        Con las hierbas.
        Que el arrojó.

Es por esto, que a pesar de la situación tan difícil que estamos atravesando, quiero dejar claro, que no solo nosotros estamos mal, pues si miramos a nuestro alrededor, podemos ver, como también otros países, lo tienen peor que nosotros, he aquí el significado de la fabula del Sabio, si miramos para atrás, veremos como otros lo tienen mucho peor.
Y para aconsejar que ante una situación difícil, lo más recomendable muchas veces es mirar para atrás, y recomponer el ánimo, y la energía necesaria, para vencer los males sin que el desánimo y la pereza sean nuestros aliados.

Dice un refrán: (A mal tiempo, buena cara),-pero el tiempo para muchas personas no es el de poner buena cara, ya que se ven sufriendo unos tiempos malos, que por nada ellos no tuvieron culpa alguna. Obreros, Empresarios, grandes y pequeños, funcionarios, médicos, enfermeros/as, Constructores, Arquitectos, Pensionistas. etc. etc......
Y lo único que se les ocurre a los sindicatos es hacer una huelga general. Después de estar endeudados hasta las cejas, paralizamos el país ¿Para qué?, para caer más al fondo del precipicio?. ¿Cuándo se van a dar cuenta que lo que están haciendo es tirar piedras sobre su propio tejado?. Cuando lo que les correspondería hacer es obligar más al tejido productivo a generar riqueza y pagar todo lo que se debe, no en hacer huelgas y caer más

en la pobreza y con ello lograr que muchas más empresas cierren sus puertas y tiren a la calle a miles de familias. Con la huelgas solo conseguimos empobrecer más a nuestro país crear crispación, y arruinar a más familias. Seamos inteligentes y pensemos con la cabeza, y no nos dejemos llevar por planteamientos partidistas, que solo quieren la ruina de nuestro país.

Todas las empresas que actualmente se mantienen al frente de sus tareas, lo están haciendo con miles sacrificios, ya que son muchas la razones, que le impiden cada día hacer frente a los pagos de impuestos, nóminas, y competencia con el exterior. Pues no podemos perder de vista, como otros países, están tratando de ocupar mercados, en todos los lugares del mundo. Y también en nuestro país, con lo que nos llevaría a que cada vez nuestros productos costaría más trabajo poderlos introducir en otros mercados para que nuestras empresas, pudieran mantener sus plantillas de obreros, y a su vez creciera nuestra economía, y creciera la contratación de obreros, y se terminaran para siempre los despidos.

Las condiciones geográficas que tenemos en España son envidiables por muchos países, tenemos más de 3000 kilómetros de costas, un clima inmejorable, este perfil de España ya lo quisieran tener muchos países, lo que nos falta es unión entre los Españoles. Me sorprende ver como el pueblo americano en los Estados Unidos se parten la cara y se sacrifican por su patria, y presumen de ser personas de EEUU. ¿ Porque aquí en España no tenemos el coraje y la inteligencia de entender que la unión hace la fuerza, y que poniendo todos un poco de nuestra parte, España estaríamos a la cabeza del mundo, como le ocurre a Japón siendo más pequeño que España?.

Hoy atravesamos una época difícil, y por la deuda que tenemos, se ha de recortar en lo que más gasto tenemos, con arreglo a que podamos rebajar esta deuda, pero creo que no cabe otra solución, ya que el Banco Central Europeo nos exige que para poder salir de la crisis tenemos que hacer lo que en la unión Europea nos mandan hacer. Se que esto no lo comprenden muchas personas, y que ellas creen, que el gobierno lo está haciendo por capricho, y también creen, que saliendo a la calle, con manifestaciones, huelgas y enfrentamientos, con las fuerzas del orden público, van a conseguir que el gobierno cambie de rumbo. No, gobernar un país en las condiciones en que hoy nos encontramos, es muy difícil, tenemos que comprenderlo, y apoyar al gobierno, y no poner trabas para que este mal, no dure mucho, y pronto mas que tarde, estemos fuera de esta crisis, y pronto podamos volver a conseguir que no se encuentre en paro nadie, y que la crisis desaparezca para siempre.

Esto solo lo conseguiremos, uniendo fuerzas y remando todos en la misma dirección, pero si continuamos creyendo que con huelgas y enfrentamientos lo vamos a conseguir ya nos podemos dar por vencidos, que esto será imposible, y por el contrario caeremos mas bajos cada día.

Y si se cambiara de gobierno, y entrara otro para solucionar el problema, no tendría más remedio, que seguir por el mismo camino, por lo que hoy no cabe otra solución, y el cambio que se precisa hoy en España, es reducir gastos superfluos, y que la economía crezca con fuerza, y ya veremos como salimos airosos de este trance.

Un país, como una autonomía, o un negocio, o una familia, con unos gastos ordenados su economía, estará siempre a salvo, es decir no se verán en el aprieto, de tener que recurrir al Banco, para que les preste dinero. Pedir dinero prestado equivale a que, conlleva tener que devolverlo, en el tiempo cumplido, y además con unos intereses muy altos, este es el negocio de los Bancos.

¿Cómo se entiende que un presidente de gobierno, o de una autonomía, negocio, o familia, se endeude en millones de Euros, sabiendo que ha de devolverlos con unos intereses?. Al Banco esto le viene de perilla, pero ¿Qué ocurre si no devuelve el dinero?

El Banco cobra sea como sea. Ya lo estamos viendo con las hipotecas que muchas personas pidieron, se les embargan el Banco, y se procede al desahucio. Esta persona lo ha perdido todo. No solo pierde la vivienda que con ese dinero se compro, si no que también pierde el objeto que como garantía presento-

Hoy los españoles tenemos que devolver solo de intereses, una cuarta parte de todo lo que recaudamos en un año, y además otra parte del montante de nuestra deuda, para poder ir saldando la deuda que tenemos. Si en verdad cada uno de los españoles pensáramos los años que hemos de estar pagando la deuda, creo que reflexionaríamos y aprenderíamos esta lección para admitir comprender y ser consientes de los tiempos que nos esperan. Y ¿Por qué ocurrió este desajuste?. Muy sencillo, cada presidente autonómico, y también el del gobierno central, querían perpetuarse eternamente en el poder, haciendo ver a los españoles que ellos eran capaces de crear el mejor estado de bienestar. Con esta mentira y con este engaño, los españolitos pensábamos que España era el paraiso terrenal, claro, pero la mentira, la ambición, y el engaño, hoy tenemos que pagarlo caro, pero a ellos les sigue cayendo el maná del cielo, cobran, buenos retiros y jubilaciones, sin pensar que muchas familias se ven abocadas a la desesperación, no tienen trabajo, y también les quitan sus viviendas, ¡!!! Que pena tener esta clase de políticos¡¡¡¡.

Este problema también lo están sufriendo los Bancos, y cajas de ahorros, ya que en aquella fecha muchos de ellos buscaban las hipotecas como un niño busca los caramelos, si me traes tu hipoteca te regalamos un televisor, y otros regalos más, y la gente cambiaba sus hipotecas de un banco a otro, como si se tratara de un juego de damas. ¿Qué les está ocurriendo ahora a los Bancos y Cajas de Ahorros?. Esto es de risa, los esta llevando a la ruina, porque hoy, no saben como capitalizarse, para poder sobre vivir, han cerrado el grifo, y no dan un euro sin una garantía y seguridad a cobrar lo que presten. Y las cuentas no les cuadran porque la valoración que hicieron de las hipotecas, fue desastrosa, las daban a boleo sin saber la situación económica de cada una de las personas que solicitaban una hipoteca, es posible que este episodio les silva de reflexión y lleguen a la postura de no dar un crédito, a más de cinco años, y la persona que tenga medios, antes de embarcarse por un tiempo de 45 años para pagar por vida un préstamo, buscará una vivienda en alquile, se ajustará a un precio que pueda pagar, y tanbien pueda comer, los medios para comprar una vivienda se ajustarán a su economía
Sin que se altere su medio de vida.

En algunos casos, se solicitaron avales, y algunos padres avalaron a sus hijos sin precaver en el riesgo que corría su vivienda, o negocio, si se interrumpía el pago de la hipoteca. Ahora cuando esta crisis ha dejado a muchas familias en el paro, y como consecuencia, sin medios para cumplir los compromisos que tenían firmados, algunos padres, se han quedado sin su propia vivienda. El poder resolver este problema, es muy difícil, salvo que los Bancos y Cajas de Ahorros, en cada una de las hipotecas concedidas, puedan admitir con carácter retroactivo, partir de cero, y como si se tratara de una nueva operación, la vivienda en cuestión del Banco, realizarán un nuevo contrato de alquile al ocupante de la misma, con una cláusula que incluyera la recompra pero que en dicha cláusula, el pago de la vivienda, no sobrepasara los cinco años de mora.

Creo que esta formula, aun con carácter retroactivo, solucionaría el problema, y los Bancos no perderían nunca el activo del capital invertido, lo que ocurriría es que cada uno de los Bancos o Cajas en cuestión, una parte de su capital, estaría invertido en unas propiedades, de renta fija, por tiempo indefinido, con lo que su margen de maniobra una vez recapitalizados, seria favorable a unos créditos, de duración no más de cinco años. Este sistema ayudaría a que los créditos a las pequeñas y medianas empresas para que la economía pudiera fluir con más soltura, y pudiera crecer y se crearan más puestos de trabajo, porque lo que los Bancos no pueden hacer, es apalancarse en un sistema que ha demostrado, que no es rentable para nadie, y la crisis no tenga solución o bien dure muchos años en recuperarse.

La pequeña y mediana empresa, es importante que recupere ese lugar que representa en el tejido de nuestra economía, ya que si pudiera recuperar el lugar que le corresponde, la ocupación de puestos de trabajo que absorbería sería del 85%, con lo que bajaría el paro totalmente y el crecimiento en general, aumentaría para poder volver al estado de bienestar que antes teníamos. Por esto es importante que el crédito a las PIMES se restablezca cuanto antes.

En España son muchos los pequeños y medianos emprendedores, que están esperando la oportunidad de poner en marcha su negocio, pero con los aires que corren, y sin contar con un Banco que le abra una línea de crédito, para maniobrar en su negocio, es imposible arriesgarse, y lo que esperan es, que la situación Bancaria, cambie su estrategia, y se abra sin miedo, con formulas de créditos sustanciosas, para que nadie se equivoque antes de poner la mano para trincar la pasta. Formulas nuevas con arreglo a los tiempos nuevos.

LOS IMPUESTOS.-

Un tema importante, y no muy tenido en cuenta, por lo repelente que resulta tener que pagar impuestos, que cuando en estos tiempos que estamos atravesando, los suben y los ponen como única solución, para salir de la crisis. Lo que origina un tremendo malestar. Y la mayoría de los contribuyentes salen a la calle a protestar, sin pensar que el gobierno no tiene una maquinita para hacer billetes cuando se le antoje, si no que los billetes los tenemos que aportar todos los contribuyentes, cuando hacienda nos los requiere, por esto de que se dice que hacienda somos todos.
El principal motivo de los impuestos, es que cada persona que por distintos procedimientos consiguen recaudar beneficios, tenga por ley que aportar a las arcas del estado, unos porcentajes que ya figuran grabados, según que clase de procedimiento se ha utilizado, en la obtención del capital recibido.
¿Para que se utilizan los impuestos?. Para poder atender a todos los gastos que el estado ha de realizar. Si los gastos son superiores a los impuestos que se han recaudado, se produce, lo llamamos déficit, es decir tenemos menos dineros que hemos recaudado, y para cubrir este déficit, tenemos dos soluciones. Una subir más los impuestos. Dos pedir prestado dinero.
¿Por qué tenemos esta crisis?. Por que los encargados de cuadrar cada año las cuentas de lo que se recaudaba, lo que hacían era pedir dinero

prestado, que después había que devolver y con intereses.

El público cree, que pagar impuestos es injusto, y no se da cuenta de que los gastos del estado son inmensos. Podemos citar algunos de ellos. ¿Cuánto le cuesta al estado mantener una sanidad como la nuestra?. ¿ O por ejemplo la educación?. La policía, la Guardia Civil, los tres ejércitos, Tierra, Mar y Aire. Y el PER, las pensiones no contributivas, y para colmar el baso LAS 17 AUTONOMÏAS?.

Creo que si cada uno de los contribuyentes, que ha de hacer economía en su casa, se dejara de preocupar de cuadrar sus ingresos con sus gastos, terminaría por arruinarse en cuestión de poco. Y no hay más solución que ajustarse el cinturón con arreglo a los ingresos que cada uno recibimos a fin de mes.

¿ Porque existe la economía sumergida?. Porque con esta trampa, se evitan tener que pagar impuestos, lo que conlleva a que otros, tengan que pagar más para cubrir los impuestos que no se han recaudado con una economía sumergida. Si todo el mundo tuviera conciencia, de que las personas que no pagan sus impuestos, nos están metiendo la mano en nuestras carteras, para que nosotros paguemos, por lo que ellos no han pagado, creo que en muchas ocasiones, el gobierno no tendría que subir impuestos. Y en general no se generaría el descontento, y el cabreo que existe en la población haciendo huelgas, y protestando en las calles, y lo peor es que también hacen que otras empresas y negocios, tengan que cerrar y endeudarse con hacienda y la seguridad social, ya que la competencia desleal al no tener los gastos que tienen las empresas y negocios sanos los que consiguen es que ellos tengan unos beneficios sin costes, mientras los demás no solo no pueden abaratar sus productos ni competir con ellos.

LAS PENSIONES.-

¿ Que son las pensiones?. Todas las personas que trabajan dependiendo de una empresa, tienen la obligación de participar mediante una cuota ya establecida, que se le detrae de su nómina y se ingresa en un capitulo en la seguridad social, para que una vez que finalice su edad en el mercado de trabajo, tenga asegurado un sueldo que en relación a las cotizaciones que en su tiempo en activo cotizó la sea asignado para que pueda vivir sin tener que trabajar para mantenerse.
Las pensiones son hoy para muchas personas mayores, el sustento también para muchos hijos, que habiendo perdido su puesto de trabajo se ven obligados a tener que compartir con parte de sus hijos, en el caso de que no les quede otro remedio.

Tenemos que pensar que también hay personas que no han cotizado a la seguridad social para tener este derecho consolidado, y se creó una forma mediante un decreto ley para que estas personas que no habían cotizado, pudieran tener una ayuda para poder vivir. Así se crearon las pensiones no contributivas.

El sistema de pensiones tiene una formula piramidal, es decir que si las cotizaciones bajan por que no hay cotizantes, el sistema se tambalea, o bien se bajan las pensiones, o se aumenta la edad de jubilación, porque el dinero que se recauda para el pago de las pensiones no alcanza para pagar a todos, lo que ante esta eventual circunstancia el gobierno tiene que calcular el pago con arreglo a la cantidad de cotizantes.

Yo pienso que ante estas aventuras, lo más acertado sería que se creara un sistema distinto del que actualmente existe. Por ejemplo, cada trabajador, debería tener bien en la seguridad social o en un fondo de pensiones, su cuenta de cotización particular, cuyo fondo de cotización no podría disponer de el hasta su edad de jubilación, pero siempre este dinero cotizado, con un rendimiento a largo plazo y creciente, y en cualquier momento que un obrero quisiera conocer su cuenta solo tendría que presentar su DNI, y en este instante saber como va su cuenta de jubilación, y que en

épocas de bonanza si la suerte le favorecía, poder aumentar sus cotizaciones a su fondo, ya establecido, y como ahora, que si se queda en paro y no puede cotizar, y los años le corren sin cubrir el tiempo necesario, se queda sin pensión. Por el contrario el cotizante con esta disposición libre de ejercer a su voluntad sus deseos de garantizar lo que ellos crean que deberían cobrar, no pondrían en tela de juicio, lo que ocurre ahora cuando les llega la hora de su retiro, que al no conocer el total de lo que han cotizado, y ser la seguridad social la que le asigna su pensión, todo el mundo se siente desfavorecido.
Mientras de esta forma, mas individual, tanto el, como su familia, no tendrían, más remedio que conformarse con lo que en su cuenta de jubilación había ingresado.

Muchas personas a parte de seguir el sistema impuesto, se han hecho con Bancos unos fondos particulares de pensiones, que pueden indistintamente ir cotizando para si por desgracia la seguridad social no pudiera hacer frente a sus jubilaciones, siempre encontrarían otro sustento, y no quedarían con las manos vacías. Es por lo que recomiendo, que el gobierno debería ir aconsejando, este otro sistema individual, ya que la cuestión de las pensiones, no está demasiado claro, cuando la edad de los que se jubilan tienen más años de vida que cuando se creó, el sistema que aun tenemos vigente.

La mayoría de los pequeños empresarios autónomos, siguen el sistema de formarse su fondo de pensiones particular, y con arreglo a como les marcha el negocio, hacen sus ingresos, unas veces mayores, y otras con menos cantidad, estos fondos los ponen en unos depósitos, con una cuota de crecimiento, para que durante el tiempo que permanecen en activo, les rente unos ingresos sustanciosos. Lo que ocurre es que en caso de que ellos fallezcan, el dinero no se pierde, porque siempre está su familia para rescatarlo.

También se puede optar por una formula que algunas personas han elegido. Esta formula es que en vez de abrirse un fondo de pensiones, lo que han hecho, ha sido comprar acciones de algunas empresas seguras y fuertes, y los dividendos que les han dado, los han invertido de nuevo en acciones, han seguido comprando, en los momentos mas apropiados para comprar, y al cabo de unos diez años, se han encontrado con una cartera de acciones, que con los dividendos que les dan, son mucho más sustanciosos que lo que le hubiera supuesto la rentabilidad del dinero invertido en el fondo de pensiones. Las personas que desconocen este sistema, siempre piensa que este sistema es muy arriesgado, y que corren mucho peligro, si la empresa en donde han invertido, se viene a bajo, ellos lo pierden todo, y este temor les impide arriesgarse. Este sistema yo lo comparo como el inversor que se compra un piso, para después ponerlo en alquile y cada mes recibir una mensualidad, en concepto de renta. También tiene sus riesgos, ya que si el inquilino no paga, para hacerse de nuevo con el piso, ha de presentar una demanda, y mientras no se resuelva, el propietario le está perdiendo dinero cada mes, con lo que se puede llevar sin cobrar un solo euro en tres años. Aparte ha de contar con los desperfectos que le haya proporcionado al piso que ha de reparar. El riesgo que corre un accionista puede ser, que las acciones bajen, y con ello también baje el dividendo, por lo que creo que es más rentable, una cuenta en acciones, que el alquile de un piso, ya que también puede ocurrir, que como ahora, ante una crisis como esta que estamos pasando, el valor del piso baje en precio, y tenga como dificultad el poderlo vender, en caso de hacerle falta el dinero invertido.

En el sistema de las acciones, siempre tiene la ventaja, de que en caso de hacerle falta su dinero puede venderlas en el día, y nunca las pérdidas serán iguales a las del piso. En caso contrario, el inversor que necesite su dinero, no lo va a poder tener en sus manos hasta que el contrato que tiene con el inquilino, no venza, y si es por desahucio hasta que la justicia no dicte sentencia, y el desalojo del inquilino. También ocurre en tiempos de crisis, las rentas son mucho mas bajas, y si el piso permanece sin alquilar, corre el riesgo, de que un día se lo encuentre ocupado por los maleantes, que sin miramientos de ninguna clase, rompen las cerraduras, y se instalan dentro, y si los echas, te lo destrozan sin piedad, y a la vez el dueño, ha de estar pagando los gastos de comunidad que siempre son altos, por el tiempo que permanezca sin ocupar.

Lo cierto y verdad es que se aproxima el tiempo en que las pensiones han de tomar un giro de más estabilidad, que en el día de hoy se perfila. Don Luis María Linde Presidente del Banco de España, ha dicho hace pocos días, que el actual sistema de pensiones es inviable para dentro de pocos años, con lo que podemos entender, es que tal y como están las economías, lo que los gobiernos no quieren, es seguir manteniendo la responsabilidad de que toda la culpa, de que los pensionistas no están muy contentos con este sistema, lo mejor es que cada perrito se coma su huesito, y no entrar en el tema de que cada año, los pensionistas están a la espera de la subida de su pensión. O bien de que como no hay dinero en la caja, las pensiones tengan que bajarlas en su cotización.

Por lo tanto creo que lo más seguro, es que cada pensionista tenga su propia hucha, en que todo lo que mete es suyo, y ya sabe de ante mano, que el que guarda para el día de mañana lo tiene asegurado. Su hucha pede estar mientras dure el tiempo de cotización en un deposito, que le rente al mismo tiempo unos intereses, que con el tiempo y a lo largo de todos los años que esta persona estará cotizando, también le reporte unos beneficios.

Lo más importante de todo es, que para poder realizar una hucha o fondo de pensiones las personas han de disponer de un trabajo, o medios para poder obtener unos ingresos, por esto lo primero que el gobierno tiene que hacer, es buscar la forma de crear empleo, cosa que viene compartida con los empresarios, que son los que mueven las empresas, y también el capital. Ya he tratado en anteriores capítulos, el sistema operativo que se debía de poner en marcha, para en pocos años llegar al total empleo, lo que no se puede hacer, es de la noche a la mañana, pero si empezando ahora, a tomar las medidas necesarias, en la formación de las próximas generaciones.
La formación en la persona, es el mejor medio para corregir muchas desigualdades que hoy tienen nuestros jóvenes, porque ante el desencanto que hoy encuentran, tras muchos años de estudio, no lo tendrían, si en su formación hubiesen tenido unas personas que a la hora de elegir una profesión, le hubieran orientado correctamente, y no hubieran perdido el tiempo, malgastando sus energías, en unos estudios, que no eran los que merecía haber

hecho. Pongo como ejemplo; los alumnos que se forman en Finlandia, o Noruega. Aquí los alumnos que sacan peores notas, eligen Educación, y los que sacan las notas más altas, van para Medicina. Todo lo contrario que ocurre en los otros países, que los que sacan las mejores notas, van para Educación.

Con lo que podemos deducir es que el paro que tenemos en las juventudes actuales no lo tendríamos de la otra forma, y evitaríamos, tener que afrontar unos gastos en educación que no son productivos, y que también hay que soportar unas indemnizaciones por paro y desempleo sin ninguna necesidad.

LAS ENTIDADES FINANCIERAS.-

He leído y visto como algunas personas les dan el calificativo de "Ladrones", y sobre estos comentarios, quiero hacer alguna exposición, ya que me parece que no van por el mejor camino.
Los Bancos y Cajas de Ahorros, son empresas que dan un servicio al público como puede ser una panadería, o una frutería, están abiertas al público, para que aquellas personas que por necesidad de seguridad u otros servicios, los necesiten, se pongan en contacto con ellos, y solucionen sus necesidades. A nadie le ponen una pistola en la cabeza, para que entre a un Banco o Caja de

Ahorros, entramos porque con ellos encontramos un medio, de solución a una necesidad que tenemos. Las entidades, son empresas que prestan un servicio. Las personas que desean guardar su dinero, abrirse una cuenta corriente, para que le ingresen su pensión, o sus haberes, o bien deseen comprar acciones, y muchas otras cosas más lo hacen con toda tranquilidad.

Pero si por el contrario, lo que quieren es pedir un préstamos de dinero, también puede solicitarlo, y si sus necesidades están de acuerdo, con los compromisos que el medio financiero le exige, lo tendrá en sus manos. Lo que el Banco no puede hacer, es regalar el dinero que presta, lo tiene que recuperar, con unos intereses, que ya se establecen de acuerdo, en el momento de hacer el contrato del préstamo.

Todos los Organismos Financieros, están regidos por unas leyes, que los gobiernos imponen para el desarrollo de sus economías, y no lo hacen, con otras atribuciones que si las ponen en practica les pueden multar con grandes cantidades de dinero, luego si un ciudadano entra por la puerta de un Banco o Entidad Financiera, ha de prestar mucha atención a las normas establecidas, y no creer, que el Financiero lo esta engañando, para quedarse con su dinero.

A todo el mundo hoy la crisis nos ha cogido descolocados, primero por los miles de puestos de trabajo, que se han perdido, y segundo por las hipotecas, que muchas personas contrajeron, y que por culpa de perder su puesto de trabajo, hoy no puede cumplir con lo que había contraído, con la Entidad Financiera.

Es muy doloroso que a una familia, se le tire a la calle ante el desahucio, de su vivienda, pero ¿alguien pensó que firmar un compromiso por 40 años pagando, era lo más correcto?.

Tanto por parte de la Entidad Financiera, como por parte de la persona que se comprometía a estar 40 años pagando, no estaban en sus cálculos. En 40 años pueden ocurrir miles de cosas, que dan al traste, con que este compromiso no llegue a buen fin, y al cabo de los años, aparezca lo que hoy estamos viendo.

Creo con sinceridad, que cualquier persona que piense un poco, antes de meterse en un asunto como este, ante la necesidad de tener un techo donde alojar a su familia, lo más prudente que debería haber hecho es, buscar una vivienda de alquile, y ajustar sus ingresos o medios de pago, para poder dormir tranquilo, y no verse ahora, en este problema de estar entrampado, por muchos años, porque las Entidades Financieras no regalan el dinero, lo prestan, con altos intereses, y si lo quieres lo tomas, y si no te vas por el camino que viniste, pero no hay otra solución.

El gobierno y los partidos políticos están intentando dar una solución, al problema, cosa difícil para conformar a las dos partes, pero una de ellas, es la humanitaria en donde estamos viendo como cada día, miles de personas pierden su vivienda, con el agravante de que también perdió su puesto de trabajo.

Y para rematar la faena, estamos viendo como para solucionar esta crisis que a todos nos afecta, la solución consiste, en montar manifestaciones, huelgas, y crispación, y destrozar todo lo que después tenemos que recomponer y realizar más gastos.
En vez de unir fuerzas, crear confianza, y seguridad, y poco a poco, ir solucionando lo que este país necesita, crear empleo, y dar confianza a los órganos encargados de corregir los desajustes, porque si nuestro sistema financiero, no se recupera de las inversiones que en su día rompieron el equilibrio que los sostenía, mal nos puede ir, con las huelgas, y las manifestaciones, hemos de confiar en el gobierno, que en su día elegimos, y si mañana este gobierno, no arregla los problemas, a los cuatro años lo cambiamos, pero siempre, pensando que el que entre lo hará mejor.

LA JUSTICIA.-

En este capitulo, quiero dejar claro, que la Justicia ha de ser "como dijo Don Juan Carlos "igual para todos, si para todos. Hago hincapié en que hoy se da la impresión de que no es así, ya que con asombro, los ciudadanos ven como muchas personas que haciendo uso de sus atribuciones, malgastó, tiró, dilapidó, millones de Euros, y no se les ha pedido responsabilidad, ninguna, ya que dinero que no era suyo, lo malgastó haciendo oídos sordos, a las recomendaciones que le pedían los medios.

La Justicia debe ser independiente del poder político, si independiente, y ejercerla conforme a la ley. Para eso están los jueces, y los Magistrados. Si los gastos que se originan mal gastados, la justicia tomara parte ante los hechos, otro gallo cantaría, y los defraudadores, bien se guardarían de gastar el dinero, que no es suyo en montar embajadas, y hacer donaciones en parte alguna, solo llevando unas cuentas cristalizadas y trasparentes con la aprobación en gastos, de el tribunal de cuentas del Estado, no ocurrirían los desmadres, que hemos visto a lo largo de muchas legislaturas.

Como por otra parte, los partidos políticos, han sembrado una desconfianza, entre la población, por medio de los casos que se han dado de corrupción, los juzgados están atascados de casos, que nadie se atreve a tocar, por miedo a que las cuentas que ellos tienen en los Bancos, se las congelen los jueces, y se vean con las manos vacías.

Pero lo cierto es, que mientras no se restablezca una garantía, y se despejen muchas dudas que corren de boba en boca, y se muestre de una vez, la confianza que un estado de Derecho requiere, lo pasaremos mal. Hay que poner en tela de juicio, que los despilfarros que mantienen la clase política, no es de recibo, y lo propio sería, que la trasparencia y la verdad empezara precisamente por dar ejemplo los políticos, para que la confianza tomara raíces, y los ánimos se calmaran.

Una democracia que como la nuestra ha traído Libertad, y Derechos; ha descuidado la obligación, de pedir, Deberes y Responsabilidad, cosas de máximo interés y provecho, si queremos tener Libertad, y Derechos, antes, hemos de ser responsables, y cumplir con nuestros deberes, y obligaciones. Ya que por descuidar estos Deberes, hemos caído en un gravísimo descrédito, ante todo el mundo, por eso hoy nuestra prima de riesgo, y la deuda que tenemos, está sacudiendo enormemente a las clases más desfavorecidas, ellas son las que están sufriendo la incapacidad, que nuestros políticos mantuvieron derrochando a manos llenas, unos euros que pedían prestados, y que teníamos que devolver a su vencimiento.

Hay un refrán que dice: (La ignorancia, es la madre del atrevimiento). ¿ Porque digo esto?. Muy sesillo, la ignorancia en gran parte, de nuestros dirigentes, ha sido la causante de que muchos de ellos, se hayan atrevido a endeudarse hasta las cejas, con lo que hoy, el que venga detrás que lo arregle, pero el arreglo es de tal magnitud, que la solución no la podremos ver solucionada, en mucho tiempo, y con el agravante de que el estado de bienestar lo tenemos cada vez más recortado, ya que donde no hay no se puede coger. Y si lo que de verdad lo que necesitamos muy preciso para ir parcheando los asuntos de mayor necesidad, tenemos que recurrir a que nos presten más dinero, estamos aumentando la deuda que ya tenemos, y con ello, los socios de los que componen el conjunto de la unión Europea, lo que nos piden es más ajustes y que las Autonomías se reduzcan los gastos.

Para tener una idea de los intereses que hemos de pagar por lo que han mal gastado, una tercera parte de los presupuestos del Estado se los llevan los intereses, aparte de que también hemos de ir pagando la deuda. Así que todo lo que protestemos en la calle queriendo poder arreglar el problema, no vele para nada, ya que sin más remedio hemos de pagar la deuda, más los intereses, y al mismo tiempo, tenemos que sanear nuestra economía, para poder crecer y crear puestos de trabajo y acabar con el paro.

Creo que una de las decisiones que el gobierno tendría que tomar, sería la de reducir o anular las Autonomías, ya que solo en sueldos y gastos en estas Autonomías cubrirían un cincuenta por ciento de ahorro, lo que supondría poder hacer frente a los descomunales pagos que hemos de realizar. Unas Autonomías reducidas en parlamento, personal, y gastos generales, esto se reforzaría. y también, el malestar en el publico de la calle se calmaría, y daría más confianza a la recuperación, y a los socios de la unión europea, y la sanidad. Lo que no se puede es mantener unos gastos que duplican las necesidades del mantenimiento del Estado, y con los recortes siempre, creando un cabreo que solo da lugar a que nadie este contento, esté donde esté, Policías, Militares, Funcionarios, Médicos, Empresarios, Obreros, Sindicatos, y todos en general menos los políticos.

¿Pero quien le pone los cascabeles al gato?. La situación es muy difícil, ya que para empezar, a corregir estos defectos, lo primero que habría que hacer es reformas la constitución, y entonces coger el toro por los cuernos, empezar de cero, poner en orden lo que son los partidos políticos, las autonomías, las Diputaciones, el Cenado, y ante todo, igualar a los políticos, con los funcionarios de carrera, en derechos, sueldos, y deberes. Por que lo que no se puede admitir es que un político

tenga su puesto de trabajo como parlamentario, cobrando un gran sueldo, y también, tenga otro puesto de trabajo en la calle, asistiendo al parlamento solo en los momentos que solo se han de botar algunas leyes. Y cuando dejan de ser parlamentarios se van a su casa con un buen retiro y empiezan una vida nueva cobrando por dos partes.
Tenemos los ejemplos de los que han sido presidentes del gobierno, hoy están colocados en empresas, cobrando un pastón, y además una jubilación para toda la vida, cobrando otro gran sueldo de los presupuestos del Estado.

Mientras muchísimas personas han trabajado muchos años en una empresa, que por desgracia ha tenido que cerrar, y se ven en la calle con una familia que atender, y sin que le entre un euro en su casa, es muy triste ver, como otro señor que ha permanecido, ocho años solo en un empleo, se ha estado beneficiando, de compaginar dos cargos viviendo de las aportaciones que todos los Españoles hemos ingresado en hacienda, sin demora, ya que si te retrasas un solo día en ingresar el IVA, te soplan el 20% de recargo, y sin que a nadie se le pueda poner la cara colorada. Hemos de ser respetuosos y equitativos en los manejos, y desarreglos que muchas leyes no persiguen.

También se da en algunos casos, que hay gente que suele meter la mano en asuntos muy peligrosos, hablamos de los casos de corrupción. Si cuando se produce un caso, en el que un señor ha influido en proyectos o reformas, y su influencia ha originado unos gastos para el Estado, y como resultado del mismo, se ha embolsado unas comisiones, de varios millones de euros, es necesario que este asunto no quede tapado ni silenciado por ningún medio, poniendo todos los esfuerzos necesarios, para que el corrupto, devuelva hasta el ultimo euro que recibió por su influencia, que ejerció para dar paso a la operación.

Estamos cansados de ver, oír, y leer, infinidad de casos, en que los corruptos no han devuelto lo que trincaron, estos casos son malísimos para la opinión de la calle, ya que lo que piensan es que todos son iguales, y que las leyes no se cumplen, y que dando paso a otros ejemplos ocurridos en otros países, los castigos son ejemplares, lo que demuestra que hay que dar escarmiento, aquellas personas que se pasan de listos.

Los medios de comunicación son muchos, y el nivel cultural de los españoles es lo suficiente elevado para conocer las noticias que nos llegan por medio de ellos.

¿ Creen que hoy las personas no se dan cuenta del batiburrillo en el que nos quieren hacer creer?. No, los españoles son prudentes, y educados, y muy solidarios, lo que pasa es, que no desean comulgar, con ruedas de molino. Y están cansados, de que los políticos, les mientan, y les tomen el pelo, ya está bien, algo tiene que cambiar para que este barco, o Nación, donde vamos todos, no se hunda, es tiempo de abrir puertas, y ventanas, y que entre aire fresco, barrer la casa, y quitar las telas de araña.

Si por inercia cada españolito hiciera como hacen las hormigas, es decir contribuir más en la recuperación de la economía, pronto estaríamos celebrando nuestro esfuerzo, pero lo que se hace es exigir, más sabiendo que no tenemos recursos, pero parece como que esto no se entiende, de donde no hay, no se puede sacar, así que lo primero que corresponde hacer, es afrontar con resignación esta enfermedad que nos quita el sueño, y que solo poniendo imaginación, esfuerzo, y paciencia, lograremos salir de este mal tiempo.

Sabemos que en las estructuras del gobierno y de las autonomías, se han de reformar todos los gastos que no son necesarios, pero ello conlleva la mano dura que el gobierno ha de emplear, para la reforma del Estado, aun a sabiendas de que ello le supone una perdida importante de botos, pero si no se hace estaremos mucho tiempo anclados en el mismo lugar, y nunca vamos a salir de poder reconstruir el estado de bienestar.

Son múltiples los procedimientos que requiere la globalización y la estructura que dentro del conjunto de estados hemos de recomponer para realizar un ajuste equitativo y que satisfaga a cada uno, es por esto que las propuestas que cada uno de los países expone y requiere para el suyo, son un tanto dispares. Pero parece ser que la mayor y más importante, es la de un sistema que reforme por igual el mercado de trabajo, y al mismo tiempo iguale, el crecimiento por igual en cada estado, ya que el descontrol de algunos arrastra a los demás.

La importancia de una Europa unida es imprescindible siempre que cada uno de los estados tenga la imprescindible obligación de ajustar sus gastos a sus ingresos, ya que cuando se producen los desajustes en algunos de los estados, los socios que han seguido al pie de la letra sus cuentas, y marchan sin problemas, con una economía saneada, es lógico que cuando los que no han llevado por buen camino su economía pongan el grito en el cielo, y no estén conformes con tener que ayudar a los malos administradores, lo que entendemos que obligan a los malos administradores a realizar recortes y a suprimir embajadas y empresas que son deficitarias, para poder sanear sus economías.

España es un Estado que con grandes posibilidades puede recuperar en el conjunto de la Unión

Europea un puesto de primera categoría, siempre que con el tiempo desaparezca la maldición de las dos España, y los españoles de una vez, y para siempre dentro de la piel de toro pensemos que somos Españoles, y no estemos siempre con la tontería de las regiones autonómicas, las autonomías están dividiendo a los españoles, y este sentimiento tenemos que desterrarlo por completo, y pensar que todos somos Españoles, y nuestro idioma el Español es conocido por todo el mundo, lo mismo ocurre con otras cosas que podemos presumir de que sea el lugar más visitado por personas de otros Estados, aquí encuentran lo que en otros estados no se ve, como la simpatía , el agrado, y la familiaridad que se respira en todo el territorio Español.

Cuando leo la prensa, y veo los telediarios, observo que los comentarios vertidos sobre los dos partidos con mayoría en el parlamento, deja mucho que desear, y yo me pregunto: ¿ Que tiene la izquierda, que no le guste a la derecha?, o ¿Qué tiene la derecha que no le guste a la izquierda?. Y analizando el contenido de cada una de las formaciones, tengo que decir, que las dos discrepan en solo una cosa, y es que sus posturas son totalitarias, y sin fundamento alguno, ya que lo que persiguen es el PODER, sin importarles un pimiento, la unidad de España, la creación de riqueza, y el proponerse que España sea lo primero, que es donde los Españoles hemos nacido, tenemos nuestras familias, y contribuimos con nuestros impuestos a pagarles el sueldo a ellos, para que con sus cinco sentidos, estén trabajando para que nuestro estado España esté a la cabeza del mundo, y se dejen de tonterías de izquierdas y derechas, y promuevan, estudien, y unan fuerzas entre todos, para no hacer más el ridículo, con la misma cantinela de siempre. Un político sea de derechas, o de izquierdas, lo que tiene que hacer es pensar, estudiar, ver de que forma, nuestro Estado España resuelve sus problemas, y no pierde ni un minuto en ver la manera de argumentar que puede fastidiar a su opositor, poniendo palitos en la rueda, para que las cosa importantes como el paro y la economía, están estancados sin solución. Muchos de los políticos que ocupan un puesto en el parlamento, se les nota la indiferencia hacia quien con muchos sacrificios les paga el sueldo que se llevan a su casa, además de dietas, viajes, tarjeta visa, y muchos más gastos que no se conocen, esta guerra de las dos España, ha de terminar, lo antes posible, ya que los contribuyentes no aguantan ni un minuto más.

Por si las dos España fuera poco, tenemos en la clase política otra cuestión como es la CORRUPCIÖN.- Esto no se puede aguantar, que una persona que hemos puesto mediante nuestro boto en las urnas, para que vele por la seguridad de

todos los españoles, para que administre, subsane, componga, arregle, y honradamente cumpla con su obligación, ya que de nosotros recibe el sueldo que se lleva a su casa, lo peor que esta persona puede hacer es meter la mano y llevarse lo que no es suyo. ¿Pero en que cabeza cabe esto?- Muchos de estos listillos, piensan y creen, que los españoles no se ganan el pan de cada día con el sudor de su frente, creen ellos que todos son unos tontos que comulgan con ruedas de molino, y claro los listillos a robar que otro vendrá a solucionar lo que ellos se han llevado por su cara bonita.
¿Por qué cuando se descubren estas marañadas, a los que las han cometido no les hacen devolver toda la pasta que se ha llevado, y recibe un castigo ejemplar, para que el ejemplo se cunda?. No lo entiende nadie, pero el cabreo que se respira en las calles es de tener en cuenta, porque estas y otras maniobras `pueden que a la larga tengan un mal final. La justicia debería tener un interés primordial porque este problema, se acabara de una vez para siempre, y tan pronto se conociera que un político ha cometido un delito de la clase que fuese, de inmediato, han de tomar lo más pronto posible, cartas en el asunto y en menos que canta un gallo, ponerlo en su justo sitio. Ya veríamos como entonces la cosa no se aplazaría, y al final nadie metería la mano donde no tiene que meterla.

Hoy la justicia es lenta, y los casos de corrupción, tardan años en ver la luz, y los corruptos van a su aire, pero si de verdad, desde que se conocieron casos muy importantes, la justicia hubiera actuado con mano dura, fuese quien fuese, el ejemplo hubiera cundido, y las cosa se hubieran enderezado, y mucho del prestigio que ha perdido la justicia, no lo comentaríamos aquí, pero da la impresión, de que la justicia está politizada, y aquí como dijo aquel don Juan Palomo, tu me lo das y yo me lo como.

Pero no hay un castigo que de una vez de ejemplaridad, y los políticos, y otros que no son políticos siguen enriqueciéndose y llevándose el dinero a otros paraísos fiscales sin que podamos ver como algunos de ellos, devuelven lo que han robado, y los demás toman nota y se corta de una vez los casos de corrupción.

Los medios de comunicación cada día sacan a la luz tremendas corrupciones, y esta practica pone de mal humor a los contribuyentes, que con miles fatigas hacen frente al pago de sus impuestos, además de ver, como miles de personas, se van al paro, y pierden su puesto de trabajo, no pueden hacer frente al pago de las hipotecas, teniendo que ser desahuciados de su vivienda, con la inseguridad de no saber donde se puede alojar con sus hijos y su esposa. La mayoría de ellos son acogidos por sus padres ya mayores, y con una pequeña pensión ridícula, y sin otra solución que refugiarse en la economía sumergida, para poder salir del paso, contemplando con estupor, que los corruptos se van de rositas y campan a su aire.

Es posible que con el sacrificio de una parte de los españoles, nuestra economía empiece a crecer, y los puestos de trabajo se vayan cubriendo, no hemos de perder las esperanzas, y remar en esta dirección, ya que de otras hemos salido, y lo más importante es que de una vez para siempre, hemos de tomar nota, para que estos baches seamos capaces de salvarlos antes de que nos afecten, y no caer en la tentación, de gastar mas de lo que podemos ingresar, ajustarnos a lo que tenemos, y pensar siempre que no podemos exigir más de lo que se recauda. He puesto algún ejemplo en el que comparo la administración del Estado, con la administración de una casa de familia, ejemplo que es para todo el mundo, un claro y sencillo método, porque todos los Españoles sabemos de sobra que el gobierno de turno, no puede hacer milagros, y este razonamiento nos lleva a conocer que el gobierno solo dispone del dinero que los españoles pagamos con nuestros impuestos, por lo que si la sanidad. Y la educación la queremos gratis, y buena, es posible que nos estemos infravalorando, sin recapacitar que si hacemos ajustes, es porque no tenemos dinero en caja para mejorarlas, a nuestro gusto.

Si hacemos un reconocimiento de cómo otros estados llevan sus gastos en las dos necesidades, de Sanidad, y Educación, veremos que no lo tienen ni por asomo comparado con lo nuestro. En los EEUU, la sanidad, no es gratuita, y la educación es por el mismo estilo, y en la mayoría de los países de la Unión Europea, suele ocurrir lo mismo, por lo que comprendo que estamos disfrutando de dos necesidades de vital importancia, pensando que con los impuestos que aportamos al Estado tenemos para seguir por el mismo camino. Y no hablemos de otros Estados como la India, Japón, o la China. Por algo será que cuando vienen a conocer España, se van encantados y de hecho lo que desean es conseguir un permiso de residencia y volver a instalarse en España, para vivir como personas. Los Chinos están comprando muchas empresas en España, y se están haciendo con nuestro sistema de vida, una especie de estado propio pero independiente, que sin soportar los métodos de vida que tienen en su País, aquí ganan tres veces más que en su tierra, tiene más beneficios, y trabajan menos horas, y si montan un negocio, este crece como la espuma, yo conozco varios casos. Aquí tenemos Rusos, Magrebíes, Rumanos, Japoneses, que se han quedado aquí, y no se van ni de visita a su Tierra, son gente que han realizado estudios superiores en su País, con una elevada cultura, pero yo he conocido a una señora que había venido de Ucrania, y había hecho tres doctorados, y en su país, estaba ganando una cuarta parte de lo que ganaba aquí cuidando a una señora mayor, hablaba el Español correctamente, y en su tierra había dejado, a su marido y a dos hijos, pero ella, decía que como España no había conocido, ningún País, en la manera en que aquí la gente le trataba, y le daba acogida y cariño.

EL TURISMO.-

Una fuente de riqueza, con la que cuenta España, la encontramos en el turismo, ya que cada año nos visitan millones de extranjeros. Este fenómeno que atrae a España miles de personas, tiene su origen en los años 60, y conforme ha ido corriendo el tiempo el número de turistas ha ido creciendo, y con sus visitas nos han situado en otras partes del mundo como un lugar paradisiaco en donde se respira un ambiente de tranquilidad, y lujo de vida por medio de las condiciones climatológicas. Aquí vienen miles de criaturas a tomar el Sol en nuestras playas, a degustar una cocina sana y saludable, y a conocer como es nuestro carácter. Tal es este fenómeno, que muchas de las personas que han visitado nuestro pueblo, han optado por comprar una vivienda, y hacer su vida en Las Islas Baleares, o Las Islas Canarias, y en España. Y otra parte muy importante es que la diferencia de precios en el gasto diario, aquí lo encuentran más bajo que en su tierra, hasta el punto de que en la costa Malagueña, está muy poblada por personas extranjeras, y estas personas son las que en parte comentan en sus países, el bienestar que se vive en España, animando a que lo puedan comprobar, y esta propaganda de boca en boca, influye positivamente en el resultado que cada año se produce con el turismo.

La industria hotelera, lo vive con el acierto de que cada día aumentan los hoteles de lujo en nuestras costas, así como también los buenos restaurantes, dándose como uno de los negocios que menos están sufriendo la crisis económica que en otros sectores lo están pasando mal, como por ejemplo la construcción, y la industria del automóvil.

Hoy el turismo podemos decir que es nuestro mayos negocio, y que gracias a el está sujetando parte del desempleo en la cuestión del servicio, aunque alguna parte se haya visto afectada, pero para que el crecimiento sea posible cada día más, y la economía no decaiga, hemos de ser prudentes con la única industria positiva que tenemos. Y si por el contrario, podemos aumentar, el numero de turistas que deseen instalarse aquí, mediante negocios productivos que den al traste, con el crecimiento y la reducción del déficit, creo que sería una buena idea, las grandes empresas que desde el exterior, miran y analizan, la posibilidad de entrar con sus negocios en España, en donde pueden prosperar y al mismo tiempo, disfrutar de un clima estupendo, hemos de facilitarles la oportunidad de hacerlo, con la suficiente inteligencia de no poner demasiados impedimentos para realizarlo.

Una de las industrias que hoy están en el punto de mira de los inversores extranjeros es la Agricultura, pues ellos ven como cada vez, somos más habitantes los que poblamos la tierra, y esto son bocas que hay que alimentar, y la tierra no se puede aumentar a capricho de cada país, por lo que con el avance tecnológico que la agricultura ha conseguido, si se pueden producir más genero en menos terreno, pero una de las condiciones más precisas, es el clima, en España con nuestro clima, y utilizando los medios que llevaron a una parte de España, como el caso de Almería, a producir los alimentos que llegan a muchas partes de Europa, la importancia de ampliar estos lugares y su producción exportarla a otros lugares, en donde el clima no lo permite, sería un acierto muy a flor de piel, pues el mundo crece, y las personas tienen que alimentarse, y en España tenemos miles de kilómetros de terreno que no produce nada. Producir hortalizas, verduras y cereales, esto llegará un día a ocupar a mucha mano de obra, y darle un sentido de primera necesidad por ser la materia imprescindible para poder vivir a muchas personas, dejando como menos imprescindibles el pescado y la carne, en las dietas sanas, y ecológicas.

Hoy conocemos muchas personas que han optado por seguir una dieta en su alimentación a base de verduras, y para nada prueban la carne ni el pescado, esta dieta vegetariana, es muy sana, ya que no contiene en su conjunto, los componentes que en las carnes estos animales han contraído, y que al ingerirlas en nuestra alimentación las metemos en nuestro cuerpo, y aparecen como algo propio, sin pensar que podemos haberlas recibido por medio de lo que hemos comido.

Muchos medios de información, cada día nos resumen en sus artículos, como en los países más desarrollados, las personas se acogen a la dieta mediterránea, y es por esto que el turismo que nos visita, venga a nuestro país atraído por degustar platos a base de verduras, y aliñadas con otro componente como es el aceite de oliva. Cuando yo he tenido oportunidad de hablar con alguna de estas personas, me han sugerido la excelencia del gusto de poder saborear un plato compuesto por verduras con aceite de oliva, bien llamada dieta mediterránea.

Con gran sorpresa hoy me doy cuenta de la transformación que está sufriendo el campo en su conjunto, pues se da el fenómeno, de que muchas tareas que antes estaban dedicadas al cultivo de cereales, se han cambiado al cultivo del olivo, pero a lo moderno, es decir plantando los olivos, de tal forma que para poder recoger la cosecha de aceituna, lo pueda hacer una sola persona con una máquina en pocas horas, con lo que parte que había que pagar por mano de obra en la recogida es muy pequeña, y ello repercute en el precio que el aceite tiene en venta al publico. Tanto la aplicación que tiene el aceite en la alimentación como en la parte cosmética y industrial es muy de tener presente, ya que sus propiedades contienen miles de aplicaciones.

ARQUIMEDES DIJO: Dame un punto de apoyo y levantaré el mundo.

Precisamente esto es lo que yo deseo, cuando este libro vea la luz, que las personas que al leer los conocimientos que mi experiencia, ha recogido al correr de los años, sirvan para que el deseo, y el empujoncito, que todos necesitamos, para lanzarnos a poner en marcha, lo que frívolamente hemos pensado que es algo imposible, los empuje, a poner alas al proyecto, y con gran interés, con gran ilusión, y valentía, se lancen, como hizo Cristóbal Colón, a descubrir, toda su capacidad de persona decidida, los secretos que cada día, nos aguardan al amanecer. No te dejes dormir, por las promesas de los cantos ajenos, porque entonces no despertaras nunca, y abras perdido la única oportunidad que la vida te ofrece. Antes decía: De ningún cobarde se ha escrito nada, porque la pereza, y la cobardía son primas hermanas, por ello, si de mi libro consigues sacar solo parte de la ilusión, y deseo, que yo he puesto para que muchas personas como tu, rompan las ataduras que te marginan, y encuentres el camino que con mi ayuda pedes encontrar, me HARAS, muy feliz, y tu perseverancia se convertirá, en una enorme torre de ilusión que cojeras con tus manos, y todos los días darás gracias, y lograrás nuevos objetivos, que con tus conocimientos podrás dominar, no olvidando el punto de apoyo que como Arquímedes, yo te doy, para que tu también levantes el mundo.

el conjunto de Empresas, y Establecimientos, que sirven para comprar y vender de todo.

Para no complicar lo que aquí queremos saber sobre lo que un empresario necesita conocer, de lo que representa el mercado. Solo hablaremos del Mercado Continuo, o Bolsa, y sobre este mercado veremos como la mayoría de las empresas, están metidas dentro del mercado Continuo.
El valor de cada una de ellas, está representado por medio de Acciones, y las Acciones están fijadas por medio de un valor.
Cada país tiene su Mercado de Valores, lo que por medio de su publicación, conocemos el valor de cada producto.

En el mercado antiguo o primitivo solo se conocía, como el intercambio de mercancías, y no existía la moneda que tenemos hoy, y la riqueza se ostentaba por medio de unas grandes piedras redondas, que para moverlas se empleaban hombres, y con arreglo al número de hombres que se precisaba para mover la piedra, así era la riqueza que aquella persona representaba en la sociedad.

Los Países o Naciones, conforme avanzan los años, tratan de unificar los mercados, y con ello establecen lo que se viene llamando Mercado Común.

El Mercado Común Europeo, hoy conformado por 27 Naciones, ha hecho que los productos que se fabriquen, o se generen en cualquiera de las 27 Naciones, se pueden vender o comprar como si los hubiésemos producido en nuestra casa, no están sujetos a ningún impuesto son de libre circulación.

Por el contrario, si vendemos o compramos en otro País ya existe lo que se entiende por la taza que dicho país tenga como recargo en el precio del producto, o aranceles.

Finalmente, para que una empresa que produce un producto que ha de venderse en el mercado, lo más importante que dicha empresa ha de conseguir es una buena plantilla de Agentes de Ventas, estos son los que dan a conocer la marca, y a su vez hacen un estudio de cómo el producto, va ha ser recibido por el público, y con ello establecer la línea de producción.

Yo como Gerente Comercial que fue mi cargo en Ediciones Océano, tengo que reconocer que la labor que realiza el Agente de Ventas es de lo más difícil, por ello quiero hacer constar en este libro, los fundamentos mas importantes que una persona que desee conocer esta profesión, debe aprender al pie de la letra.

FUNDAMENTOS PARA LA VENTA

El presente capítulo de FUNDAMENTOS sobre las Ventas, aspira a proporcionarle a Vd. Algo de lo que necesita para su superación, tanto personal, como en el trabajo. Es el resultado de una paciente recopilación de experiencias propias, que nos han proporcionado varios destacados vendedores, y de otras empresas, también algunas tomadas de libros especializados. De su lectura estoy seguro obtendrá Vd. Muchas y muy variadas enseñanza.

Para la mayoría de la gente, el arte de vender es un misterio. Según su forma de entender, es el medio por el cual, una persona vende a otra, mercancías que no necesita ni tiene intención de comprar. Sin embargo, la razón es bastante diferente. Es un arte, no hay duda, pero su meta es la de ayudar a otros a que vean, encuentren o adquieran lo que les ayudará a satisfacer sus necesidades, o a cumplir sus deseos.

Si Vd. ve el arte de vender desde este aspecto, podrá darse cuenta, de que es la más útil de las destrezas, puesto que todos tenemos que confiar en la fe, y apoyo de otros para poder tener éxito. Los hombres o mujeres que conocen este arte, saben como alcanzar el triunfo.

VENDER.- Es el proceso, por medio del cual, el vendedor averigua y activa las necesidades, o deseos del comprador, y satisface los mismos, con ventajas mutuas y continuas para ambas partes.
El trabajo del vendedor es proporcionar un SERVICIO al comprador. Consiguiendo este objetivo, se obtiene el pedido.

LA VENTA, debe beneficiar tanto al comprador como al vendedor, o de lo contrario no puede existir una relación a largo plazo. Las ventas logradas con presión, no tienen lugar en nuestro negocio. No vayamos detrás de ventas aisladas, y para una sola vez.
Queremos construir nuestro negocio, sobre unos cimientos firmes de pedidos continuos y repetidos.

EL VENDEDOR.-

No nace; hay que formarlo y capacitarlo. Y esta formación y capacitación en las ventas es una necesidad absoluta.
En las ventas nunca se llega a un punto, en el que deja de ser necesario estudiar. Se debe estar siempre al tanto de los nuevos y constantes cambios en los métodos mercantiles.
La capacitación del vendedor, es una necesidad en las modernas técnicas de ventas.

Si desea tocar el piano como diversión, está bien que aprenda a tocarlo de oído; pero si quiere tocarlo como medio para vivir, hará mejor en aprender música.

CUALIDADES DEL VENDEDOR.-

Constancia en el trabajo.
Saber distribuir bien su tiempo.
Confianza en el mismo.
Decisión.
Persuasión.
Interés en conocer los productos que vende.

¿ POR QUE COMPRA EL PUBLICO?.-

Son muchos y muy complejos las causas y motivos por los que el público compra. Entre las numerosas etapas por las que pasa la mente del comprador en potencia, se destaca la de <u>satisfacer un deseo o necesidad</u>. El objetivo primordial del vendedor deberá ser: Atraer la ATENCION, despertar el interés, y crear EL DESEO. Posteriormente solo resta LA ACCION.

MOTIVOS DE COMPRA

Circunscritos a la VENTA, son de dos clases: EMOCIONALES Y RACIONALES.

Pueden resumirse en los siguientes: Consecución de prestigio social, imitación, satisfacción de necesidades, dominio sobre los de más, experimentar felicidad o placer, y por distracción.
Muchos compradores, son incapaces de reconocer los méritos de un producto sin ninguna ayuda.
El vendedor debe utilizar toda la información necesaria, para realizar una venta. Debe proporcionar datos informativos sobre el producto, y destacar lo que este puede significar para el comprador.

SEA CONCRETO, NO GENERALICE. No desprestigie a la competencia (no le ayudará a realizar el pedido).
< Por ejemplo> : en el tema del libro,
Nuestra enciclopedia es mejor que la de la Editorial X. NO.
Estadísticamente nuestra enciclopedia, se está vendiendo más que la de la editorial X. SI.

FASES DE LA VENTA

Todos sabemos que la venta, como toda acción, es un proceso que debemos generalmente desarrollar ante nuestros clientes, para cerrar la operación. Podemos considerar que la venta consta de cuatro faces:

1º: PLANIFICACION

2º: INTRODUCION

3º: DEMOSTRACION

4º: CIERRE

En cada una de ellas, intervienen múltiples factores, que hacen que no podamos dar normas estrictas para su aplicación. Así nos permitimos únicamente facilitarle a Vd. algunas ideas que le serán útiles para su gestión de ventas, para que Vd. mismo es quien debe desarrollar, obteniendo sus propias y personales conclusiones.

1º: <u>PLANIFICACION</u>

LA APARIENCIA.- En esta fase inicial podemos considerar además de la consecución de clientes, y la organización del trabajo, también la personalidad, y presentación del vendedor.
Nuestra apariencia, es nuestra tarjeta de presentación, ante cualquier persona que nos ve.

EL ENTUSIASMO.-

Entre las cualidades que todo vendedor debe tener, una de las más cotizadas, es la del ENTUSIASMO. Hay vendedores que siendo menos inteligentes que otros de sus compañeros, venden más que ellos por que son unos verdaderos entusiastas trabajando.

Nadie podrá trabajar con entusiasmo, si desconoce aquello con lo que tiene que actuar; es por eso; que es indispensable para el vendedor el CONOCER A FONDO SU PRODUCTO.

Este conocimiento, creador del más puro entusiasmo, debemos llevarlo en relación con cada uno de nuestros clientes, pues no olvidemos, que el vendedor, más que con cosas, trabaja con personas, por lo que debemos interesarnos por cada uno de nuestros clientes potenciales.

Los enemigos del entusiasmo son, la autosuficiencia, los sentimientos de inferioridad, la pereza, y morosidad, y por ultimo esa actitud que asumimos de criticarlo todo y a todos. Estudiémonos a nosotros mismos, y si encontramos algunos de esos enemigos en nuestra persona, **eliminémoslo de inmediato** acentuando nuestras cualidades.

Si actuamos como si estuviéramos ENTUSIASMADOS , aún cuando no sintamos entusiasmo, llegaremos a estarlo.

LA CORTESIA.-

Una de las cualidades más apreciadas en una persona, es la cortesía. Es lo que MENOS CUESTA, y lo que MAS DA. Sea VD. cortes y aunque le parezca difícil con clientes que no sean de su total agrado, no les discutan, les diga "claridades." El que gana una discusión es seguro que pierde al cliente o al amigo. Ser cortés es la medida justa de la educación, no caiga en el servilismo ni en lo ridículo.

LA PERSONALIDAD.-

Por pruebas psicológicas que se han llevado cabo, se ha demostrado, que en el éxito del individuo influye más su personalidad que su inteligencia.
Existe la idea de que el hombre nace con personalidad, o simplemente no la tiene y esto es un error. La personalidad se adquiere y cambia día a día. La personalidad que tiene Vd. hoy no es la misma que tenía hace un año, ni la que tendrá en el futuro.

Nuestra personalidad es juzgada por los demás:

        A: Por nuestra apariencia.

B: Por lo que hacemos.

C: Por lo que decimos.

D: Cómo lo decimos.

Si el trabajo que Vd. desarrolla el de Ventas, es uno de los que requieren mayor trato de gentes, debemos por nuestro propio interés, mejorar nuestra personalidad.

Para ello, el mejor procedimiento a seguir, es el siguiente: < Hacer una lista de características positivas, y características negativas.>

Como ejemplo de positivas están la educación, la cortesía, la sonrisa, la simpatía, la psicología, (tacto) la sinceridad, la jovialidad (no irritable), el convencimiento, la responsabilidad y el entusiasmo (optimismo).

Las características negativas son: La timidez, irritabilidad, pesimismo, y carencia de algunas de las positivas antes citadas.

Una vez hechas estas dos listas, concéntrese en sus características positivas, ponga siempre un "antídoto" de características positivas a una negativa, y olvídese de las características negativas practicando mucho las positivas.

La voz, juega un importante papel en nuestra personalidad, y requiere atención, y cuidados constantes. Son muchos los vendedores que no le han dado importancia al mejoramiento de su voz, y continúan mascullando palabras, hablando con monotonía, y sin entusiasmo, expresándose con lentitud, o tan rápidamente que no es posible entenderlos.

Estudios que se han efectuado, demuestran que el ritmo adecuado para hablar bien es a razón de 150 a 160 palabras por minuto. Los grandes oradores en la historia de la humanidad, han prestado atención especial a este aspecto, no solo en sus discursos si no en su vida cotidiana.

Actualmente no es difícil un mejoramiento de su voz, siempre y cuando se de cuenta de que no la tiene agradable, para quienes la escuchan. Hágase un examen para ver cuantos si hay alguno de los siguientes defectos o molestias de la dicción.

He aquí la lista:

A: Hablar con exceso de saliva en la boca.
B: Utilizar gestos inadecuados.
C: Hablar demasiado alto o demasiado bajo.
D: Hablar muy despacio o muy rápido.
E: No ver quien le escucha.
F: Interrumpir a otra persona a media plática.
G: Introducir expresiones como <verdad> <hombre> <este> <digo> <esto>

No se olvide que el cliente observa mucho lo que decimos y como lo

decimos.
H: Hablar entre dientes.

LA ORGANIZACIÓN.-

No hay venta sin comprador, y éste no viene al encuentro caído del cielo. ¿ Donde se halla el cliente?. ¿ Donde se esconde?. Es preciso buscarlo, localizarlo, conocerlo, y preparar el camino para entablar diálogo. Más adelante exponemos algunas ideas para aumentar su campo de acción.

Ante todo debemos preparar nuestras visitas, no se lance a la calle de forma impremeditada. Es lastimoso observar como tantos, y tantos vendedores, desperdician un tiempo precioso por no tener una organización previa de su trabajo. Nada es tán cierto en las ventas como aquella frase de "El TIEMPO ES DINERO", Si no planea como debe utilizarlo, está tirando su propio dinero.

Para programar su trabajo deberá establecer:

1º PERSONA A LA QUE VISITARÁ

2º HORA EN QUE REALIZARÁ LA VISITA.

3º MODO DE PRESENTARSE Y DE INICIAR SU VISITA O

ENTREVISTA.

El vendedor debe señalar una ruta, y el NUMERO DE VISITAS QUE SE HA PROPUESTO, en relación al resultado que desea obtener. Es natural que espere de sus gestiones un rendimiento determinado. Pues bien, habrá entonces de calcular el número de visitas, que todo ello requiere y por ningún motivo, habrá de permitirse realizar menos, sean estas vistas apoyadas o propias.

Recuerde que el tiempo disponible para establecer sus contactos es muy limitado siendo por ello, sumamente importante la planeación exacta de su gestión.
   Y ,,,, puede ocurrir que no halle a ciertos clientes en su domicilio o no le pudieran recibir, ya que generalmente estos contactos se realizan en el domicilio del cliente a las horas en que se halla en el. Hay que tener en cuenta que esto ocurrirá.
En la lista de clientes, según el itinerario planeado hay que incluir algunas "visitas marginales" para compensarsalas posibles ausencias.
   No olvide que cualquier procedimiento es preferible a la falta de plan.

Ahora ¿ De donde proveernos de nombres y direcciones de clientes para organizar nuestras visitas diarias?.

Existen varios procedimientos. Veamos:

A: Nuestros propios clientes, debemos ficharlos y ordenarlos por zonas o rutas.

B: Clientes a los cuales no les haya podido vender, pero que considere que son clientes potenciales.

C: Nuestra amistades, algunos amigos, conocidos o familiares, podrán ser nuestros clientes.

D: Recomendaciones, si en forma adecuada solicitamos direcciones a cada uno de nuestros entrevistados, con gusto nos las darán.

E: En toda localidad existen organizaciones o Clubs, que reúnen a gente destacada de la región (Profesionales, Comerciantes, Agricultores, etc.
Procure conseguir lista de los agremiados.

F: Su propia experiencia, ella es maestra excelente y le permitirá descubrir posiblemente otros medios de consecución de clientes.

G.- Hoy se conoce otro método para atraer a posibles clientes llamado MARKETING dicho método consiste en citar por carta o tarjeta a personas para informarles sobre algún producto ofreciendo por su visita un regalo objeto. De esta forma el vendedor cuando tiene reunidas a varias personas hace un CANTE, de la mercancía que quiere vender como algo en oferta ventajosa y allí mismo se realiza el pedido. El regalo que se ofrece es solo por asistir a la reunión que por regla general es de unos 20 minutos aproximadamente, la duración del CANTE.

H.- Otro de los métodos modernos es "EL MAILING" que consiste en hacer llegar de una forma masiva un folleto pequeño repartido en los buzones de los domicilios y con respuesta en la tarjeta o folleto a la Empresa para que se de infomación sin que intervenga el vendedor, o bien a trabes de Internet.

INTRODUCCION.-

Una vez determinado el plan de trabajo a realizar y con el firme propósito de llevarlo a cabo, iniciamos nuestra labor. Pero antes de enfrentarnos a los clientes, debemos recordar constantemente estas pequeñeces que tanta transcendencia tiene en la práctica:

No estar fumando para ver a un cliente. Tampoco fumar durante la entrevista, a menos que el cliente le ofrezca un cigarro. Muchas personas no fuman y odian el olor al tabaco. Olvidar esto le puede costar el perder una venta.

No se quede cerda de la puerta después de llamar. Retírese unos pasos para no asustar a la persona que abra.

NO llegue alargando la mano para saludar. Hay personas que tienen que permanecer todo el día recibiendo a muchas personas, y no gustan de estar "chocándola" con todos como si fueran hermanos queridos.

No lleve el portafolios en la mano derecha antes de ver a un cliente, porque si ocurre el caso de saludarlo así, puede sentir húmeda su mano el cliente, lo cual es bastante desagradable. Cerciórese de tenerla fresca y limpia.

No aparente ante su cliente estar "desesperado" por cerrar una venta.
Uste se halla ya frente al posible comprador. Se supone que su aspecto habrá creado ya una impresión favorable. Y se supone también que se presentó debidamente. Utilizando esta frase si el entrevistado no le conoce a Vd.

--Soy el Sr. ....miembro del SERVICIO DE IMFORMACION Y CONSULTA DE LA EMPRESA,,,,,X S.A.

¿ Cuál será su objetivo inmediato? ….. Atraer la atención del cliente con las primeras palabras. Se dice que las primeras palabras (LAS DIEZ PRIMERAS) son más importantes que las próximas 10.000.- Si no captamos la atención del futuro cliente con las primeras diez palabras no tendremos las oportunidades de usar las próximas diez mil. En este momento estamos vendiéndole al entrevistado una sola cosa: la idea de que nos escuche. Captemos su atención con una frase que le interese.
Y ¿ que es lo que más le interesa al ser humano?. Esto: Su negocio, sus gustos, sus aficiones, su casa, su coche, su familia, su apariencia, en unas palabras, todo lo que se relacione con el. Y de esto tendremos que hablarle, si hemos de lograr que nos preste su atención y se interese en nuestra plática de ventas.
Nunca empiece su plática con una disculpa. Uste es un hombre de negocios que va a ofrecer a otro hombre de negocios un servicio.
Va a prestarle ayuda. No a pedir un favor. Actúe con confianza, con seriedad, y con responsabilidad.
Evite a toda consta iniciar su plática de ventas con una frase que se pueda contestar negativamente.

Recuerde que toda su atención cada paso de su conversación de ventas debe estar pensada de antemano.

DEMOSTRACION.-

En esta fase de la venta debemos COVENCER al cliente sobre la clase de producto que le estamos ofreciendo, para crearle el DESEO de posesión.

Para la demostración tenemos que estar amplia y profundamente preparados. La improvisación no es aconsejable, porque falla en la mayoría de los casos.

Procure argumentar sobre algunos aspectos, no todos, preferentemente sobre aquellos que interesen de modo particular al cliente ya que ellos le allanarán el camino para despertar el deseo de posesión. No agote sus reservas argumentales, sin necesidad ya que ello puede hacer perder la venta por llegar incluso a ofender a su cliente su excesiva argumentación.

Su conversación debe ser:

A: CONCISA: A fin de que ni Vd. Ni su cliente, pierdan el tiempo.

B: Usando lenguaje sencillo y fácil de entender. Si nos damos cuenta de que el cliente no nos ha entendido perfectamente. detengamos la plática y preguntémosle: ¿ Me he explicado con claridad?. Que su plática vaya de acuerdo con la capacidad mental del cliente.

C: En los aspectos que tratemos, para evitar que el cliente se pueda refugiar en la objeción de que "algo ha quedado poco claro."

D: Usando acertadamente el material de ventas de que dispone en su muestrario en apoyo de su exposición verbal. tenga presente que la mayoría de las personas apenas recuerdan el 10% de lo que oyen; el 30% de lo que ven y solamente el 50% de lo que ven y oyen. Aplique este principio para imprimir mejor en la mente de su cliente y a la vez que le hable maneje el material para que sus ojos vean lo que sus oídos están escuchando.

He aquí una serie de sugestiones para que pueda mejorad su argumentación:

Planifique su discurso en forma diplomática.
Evite cosas que tiendan a lesionar la vanidad o el amor propio de su cliente.
Suprima totalmente los comentarios irónicos, sarcásticos, o de mal gusto.
Si Vd, no tiene verdadero ingenio para las bromas sutiles será mejor que nunca se haga el chistoso.
Respete la opinión del cliente aún cuando lo que diga vaya diametralmente opuesto a la razón que nosotros conocemos. Digámosle: Tiene Vd. razón en pensar así, pero permítame enterarle de este aspecto adicional...."Nunca le digamos que está equivocado aún cuando tenga razón para decirlo.
Evite discutir con el cliente, por que si ganamos la discusión es seguro que perderá la venta y el cliente.

Jamás en la argumentación se deben exagerar los méritos hacer promesas que no se puedan cumplir.
Esto desprestigiará tanto al vendedor como a la EMPRESA. Debemos ser honrados, sinceros y entusiastas en nuestras aseveraciones. Una argumentación sin exageraciones inspira confianza y con ello un clima apropiado para sus intereses.
A su cliente le gustará oir a Vd, pronunciar con frecuencia su nombre. Procure no olvidarlo.
No diga nunca "YO"; diga siempre "NOSOTROS".

Esté siempre atento a las reacciones de su interlocutor. A veces un solo argumento es suficiente para convencerlo.

Haga hablar a su cliente por medio de preguntas. Así podrá penetrar en su mente y conocer sus deseos u objeciones incidentes. Pero tenga cuidado de que sus preguntas no se puedan contestar negativamente.

Procure llevar a su interlocutor a respuestas siempre positivas, para allanar el camino hacia el "SI" definitivo. Utilice el "SI" pero.... Ello nos da la oportunidad de seguir adelante con nuestra plática de ventas . Si el cliente le dice "no tengo dinero" contéstele "SI" pero ...no necesita pagar hoy mismo, puede aprovechar nuestras facilidades....En otras palabras, debe seguir adelante con su plática y posiblemente más adelante logre convencerlo. No se de por vencido, hasta que el cliente le haya dicho "NO" tres o cuatro veces.

Practique constantemente su argumentación; perfecciónela técnica y psicológicamente; pula su presentación; estudie al máximo la entonación de su voz y si así lo hace, ninguna puerta estará largo tiempo cerrada ante Vd.

Todos estamos motivados por deseos. Aplicando ese punto a la venta es evidente que lo que hay que hacer es descubrir cuales son los MOTIVOS que hacen ACTUAR a las personas y luego EXCITAR esos motivos lo suficiente para lograr la vente.

En la venta de un OBJETO los deseos que incitan a la compra son:

    A: EL DESEO DE SUPERACION
    B. EL ORGULLO.
    C. EL CARIÑO.
    D. LA UTILIDAD.
    E. LA VANIDAD.
    F. EL PLACER.

Cuando un cliente entra en una tienda a comprar algo que le hace falta, el deseo de posesión ya existe y la labor del vendedor se limita a encaminar este deseo hacia el producto que el vende. Es realmente fácil llevar a cabo esta venta.

Pero cuando "no existe deseo", como en nuestro caso, el vendedor debe adquirir la habilidad de hacer preguntas inteligentes con el fin de encontrar el móvil dominante que hará comprar al cliente.

Generalmente hemos de ser hábiles con nuestro muestrario, haciendo preguntas sobre los conocimientos que nuestro cliente pueda tener sobre el mismo. Y siguiendo en la forma mas correcta de informarle sobre los beneficios que puede reportarle bien sea a su negocio como a su familia.

Una vez descubierto el interés o deseo principal de nuestro cliente, movilicemos nuestra imaginación pintándole un cuadro mental de la satisfacción o necesidad que el sentirá al ser poseedor de el producto que le estamos exponiendo.

Es muy frecuente, que en el desarrollo de esta tercera fase, dedicada exclusivamente a la "DEMOSTRACION", el entrevistado nos pregunte con insistencia el precio. ¿ Como contestar a estas preguntas?. Si el eventual cliente está interesado por el precio, cuando todavía no ha logrado crear Vd. En el la "NECESIDAD". Conviene eludir la respuesta con una salida parecida a esta: "el precio es lo de menos", porque el producto que le ofrecemos lo puede adquirir con grandes facilidades de pago.

Por lo que antes de llegar al cierre tendrá que contestar Vd. A la pregunta sobre el precio, que seguramente volverá a preguntarle. Es importante que el cliente conozca primero el importe de cada cuota, y en una segunda etapa el número de cuotas.

Y finalmente si insiste en el deseo de conocer el precio total, deberá decírselo.

Pero continúe hablando sobre algo que le interese al cliente. NO SE QUEDE CALLADO DESPUES DE DECIR EL IMPORTE DE CADA UNA DE LAS CUOTAS O EL PRECIO TOTAL.

CIERRE.-

El último escalón para llegar al cierre que es el éxito de la venta, está totalmente condicionado a una adecuada PLANEACION, una bien llevada

INTRODUCCION, haber hecho una brillante DEMOSTRACION, esto conduce a que a que nuestro cliente no ponga obstáculo alguno a la firma del documento.

Muchas veces fracasamos en esta fase de de la venta porque desaprovechamos las oportunidades que se presentan para intentar el cierre, o bien por que tememos el momento del remate.

El cierre no ofrece dificulta a condición de que se sepa cuando y como ha de llevarse a cabo. Adelantar o postergar el cierre puede resultar una venta frustrada.

No tengamos temor a cerrar, pues para eso estamos vendiendo. El cierre es la consecuencia del empujón que todos necesitamos para vencer la inercia que nos afecta cuando vemos expuestos un producto que nos gustaría poseer y que muchas veces dejamos de adquirir porque nadie se preocupa de ayudarnos a hacer la compra.

Que no espere nunca el vendedor que el cliente diga "SI" por iniciativa propia; que el solicite que se le envíe el producto que le hayan ofrecido. El vendedor debe "empujar" al cliente a que se decida a comprar.

El cliente en determinado momento, indica que está listo para el "cierre". Puede ser por confesión explicita, por ademanes, por actitudes, por manifestaciones intangibles, pero evidentemente, que el vendedor puede acertar y entrar en acción de inmediato, actuando con seriedad, confianza y aplomo.

El cliente puede transmitirnos inconscientemente algunos "avisos de compra". Por ejemplo: si se queda pensativo, si se acaricia la barba, si vuelve a ver algunas páginas del muestrario, que ya había visto; si se pasa la mano por el pelo; si da golpes sobre la mesa con su pluma, lápiz o similar, ect. ¡!! Este es uno de los momentos adecuados, para actuar e intentar el cierre¡¡¡.

Pero siempre use la táctica de la alternativa. Es decir haga que su cliente se decida dándole a escoger entre dos cosas, no entre algo y nada.

Suponiendo de ante mano que el cliente va a comprar, porque ya se ha llegado a un acuerdo sobre las ventajas de la mercancía propuesta, se le hacen preguntas que le den a escoger entre decir "SI" y "SI". Ejemplos: ¿ Quiere que se le envíe a su domicilio o a su oficina?. ¿ Cuando le gustaría recibir el pedido, esta semana o la próxima?. ¿ Desea pagar en diez mensualidades o en un plazo mayor?. ¿ Desea VD. Pagar en efectivo o en cheque?. ¿Hacemos la factura a su nombre o al de alguna otra persona?.

Si el cliente contesta favorablemente, a su pregunta es decir si escoge entre una u otra, es que ya se decidió a comprar.

El vendedor debe proceder de inmediato a rellenar el pedido. Si contesta negativamente, es que no está convencido todavía y debemos continuar con nuestra plática de convencimiento y deseo.

Otra táctica para cerrar y que en muchos casos ha dado resultado, es hacer algo que el cliente tendría que detenerlo para iniciar su oposición. Es decir comience a tomar datos en su hoja de pedidos y si el cliente no se opone, es que ya está vendido. Si se opone, siga adelante con l argumentación hasta que el momento sea más oportuno para el cierre.

Entre los folletos procure sacar el formulario de pedidos. No espere el último momento para extraerlo con un movimiento apresurado, una profunda inspiración o bien con una sonrisa triunfal. Nada de eso....¿Donde está su pluma?. ....con la mayor naturalidad habrá puesto todo lo necesario al alcance de su mano. Es un detalle importante.

No le conviene hablar al presunto cliente de "pedido" o de "solicitud de compra". Sustituya estas expresiones por "formulario" "ficha personal", "nota de registro", u otras de significado parecido.

Igualmente no le diga a su entrevistado que "firme" en el pedid, si no que ponga su "visto bueno" en el lugar que le indique, al mismo tiempo que le facilita su pluma.

Una vez firmado el pedido, guarde su material y retírese lo más pronto posible. Las charlas de "posventa" suelen ser peligrosas para la labor realizada e inoportunas para la mayoría de las personas entrevistadas. Estas charlas de "pos-venta" las debe reservar para cuando al cabo de unos días reviste al cliente a fin de enterarse si recibió la mercancía en buenas condiciones, o para efectuar el primer cobro.

COMO VENCER LAS OBJECIONES QUE SE LE PRESENTEN

Son innumerables las objeciones que sus entrevistados le presentarán al solicitar de sus entrevistados un mínimo tiempo para darles a conocer el producto que VD. Lleva en su cartera. Tantas que seria una utopía pensar en estructurarlas todas para llegar a conclusiones que fueron universalmente útiles. Sin embargo, nos permitimos exponer a continuación algunas consideraciones a este respecto, con la esperanza de que le ayudarán a salir airoso en ciertos casos concretos y como norma para resolver otras situaciones concernientes al vastísimo campo de las objeciones.

La objeción es el obstáculo natural de la venta. Las palabras tienen el significado que uno les da; por eso, no siempre que una persona replica al vendedor con una objeción, implica ésta un verdadero problema.

Hay objeción trivial presentada para entablar conversación. La objeción dirigida a medias que sólo sirve para hacer perder el tiempo. Finalmente hay la objeción auténtica que el cliente considera razón suficiente para abstenerse de comprar.

Por eso antes de contestar a cualquier objeción procure estar bien seguro de lo que quiso decirle el presente cliente. Para vencer las objeciones se necesita un conocimiento amplio y sólido del producto que vendemos.

Con eso tendrá mejor oportunidad de salir triunfante, pues si bien es cierto que la técnica de ventas y relaciones humanas son muy importantes, sin embargo, si Vd. No conoce de su producto unas diez veces más, de lo que es capaz de hablar, incuestionablemente se verá en aprietos con ciertos clientes, cuyas objeciones requieren para ser contestadas un verdadero despliegue de conocimientos del producto que vende.

El cliente lanza a menudo, objeciones con el objeto de que se le explique más acerca del producto, familiarícese con todas las objeciones a fin de que en segundos pueda contestarlas con fluidez y lógica convincente. Hay clientes que instan a que se les explique algo instantáneamente. Usted puede decirles: Si….señor Martínez, a eso voy precisamente …..y sigue con su plática.

Desde que el mundo es mundo, hay una objeción muy usada y muy manoseada: "

…..la vida está cara, los tiempos son difíciles y malos."

Esta objeción ha existido siempre y la tenían muy a mano nuestros bisabuelos, nuestros abuelos, y nuestros padres. Hoy en día también nosotros la usamos. Demuéstrele a su cliente que siempre ha habido problemas en el mundo, que nunca ha dejado de haber calamidades ni guerras, pero que sin embargo, nuca ha dejado de haber producción ni compradores.

Hay clientes que son profesionales, con buenos despachos u oficinas y comerciantes establecidos, que frecuentemente salen con objeciones simples como;…".no tengo dinero". En este caso niegue la objeción diciendo,"…..! ah¡ señor López , yo no creo que no tenga Vd. Dinero".En la guerra como en las ventas hay una táctica muy peligrosa y que conduce a la derrota tanto a los ejércitos como e los vendedores: Tal táctica consiste en batirse a la defensiva ¡ CUIDESE MUCHO DE QUE SU CLIENTE LO PONGA A LA DEFENSIVA¡¡.
Concédale tiempo al cliente para que se desahogue "soltando toda la cuerda", cuando no tenga nada que decir, contraataque Vd. Pregunte siempre ¿Por qué? Después de que Vd. Escuchado atentamente la objeción de su entrevistado y guarde silencio hasta que su pregunta le sea contestada.
Procure Vd. Preguntar con las mismas palabras que haya utilizado el cliente al formularle la

objeción. No se olvide de pronunciar nunca "POR QUE" cuando siga una objeción, pues esta técnica la permitirá hacer cada vez más débil la resistencia de su entrevistado, hasta reducir sus objeciones a la ultima que Vd. Combatirá con mayor facilidad.

No pierda demasiado tiempo contestando las objeciones, deshágalas con una lógica convincente, pero tienda siempre a ser breve

Siempre esté preparado para lo inesperado. Manténgase alerta y dispuesto siempre a hacer frente a lo inesperado, el cambio puede ser lomas inmediato.

Recapacite sobre todo lo expuesto, ya que un perfecto dominio de la situación creada por el planteamiento puede conducirle al éxito de la misma.

NORMAS QUE HA DE TENER EN CUENTA UN VENDEDOR.-

1º PUNTUALIDAD
2º DICIPLINA EN EL TRABAJO.
3º ORDENACION Y PLANTEAMIENTO.
4º RESPONSABILIDAD Y HONRADEZ.
5º MAXIMA ENTREGA AL TRABAJO.
6º AMBISION Y DESEOS DE PROMOSION.
7º BUENA PRESENCIA EN EL ASEO PERSONAL.
8º COMPAÑERISMO.

9º EDUCACION AMABILIDAD Y SIMPATIA
10º PREPARACION TECNICA HASTA SER UN
    EXPERTO TECNICO EN
    VENTAS.

He aquí, el resumen de conocimientos, que hoy son necesarios para defender un puesto de trabajo, ya que el rendimiento que un empleado de cualquier empresa o especialidad ha de aportar para compensar el sueldo que recibe.

Sin el suficiente conocimiento, tenemos muchas personas que dan vueltas y no consiguen el puesto de trabajo que cada día patean buscando sin esperanzas de conseguirlo. Se han formado en conocimientos de cultura general, pero sin tocar una formación especializada. Estas personas piensan que al solicitar empleo en las oficinas del INEM, es el siguiente paso para que las empresas lo llamen, tras haber analizado los estudios realizados.

Quiero señalar que hoy mundialmente cada país aporta una competencia con todos los de más países muy importantes, tratando de conseguir, que los productos que cada uno produce sean de la mejor calidad, para con ello conseguir sus ventas, y con las ventas, unos ingresos que potencian el bienestar de su población.

En España con la entrada en la Unión Europea, nos encontramos con un problema de grandes proporciones: El cambio de una España rural, con los antiguos métodos de trabajo, y una población que no realizó los cambios necesarios a las nuevas tecnologías, nos dimos de frente, que solo creaba puestos de trabajo no cualificados, en la construcción, mientras el gobierno se miraba el ombligo, y como era de esperar surgió lo que hoy padecemos, una crisis económica con un índice de paro tremendo, y sin que la solución al mismo, tenga esperanzas de recuperación inmediata, además otra de las más importantes, es la deuda que por tal motivo nos hemos creado, porque si no éramos capaces de general riqueza para no necesitar pedir dinero prestado al Banco Central Europeo, hoy cada día es más difícil recuperar el puesto que no teníamos que haber perdido.

Hoy el estado necesariamente necesita centralizar sus gastos, ahorrar en gastos superfluos, y dedicar más gastos en la formación de personal, para conseguir que la mayoría de los jóvenes cambien su forma de pensar, y adopten el sacrificio, el coraje, y la verdad, de su porvenir. Porque el único, y solo el entusiasmo de revancha para salir adelante está en cada uno de ellos, solo así lograremos ocupar ese puesto de trabajo que deseamos encontrar.

Ese puesto de trabajo, no lo vamos a conseguir detrás de una pancarta, día sí, y otro también, no tiremos piedras a nuestro propio tejado, demos la cara a nuestro propio problema. Me contaba un buen amigo mío, que en la China, cuando los empleados querían protestar por algo, en vez de hacer una huelga, trabajaban más, con lo que a la empresa la forzaban a dialogar sobre el tema.

Hay muchas personas, hoy que parece desconocen como funcionan los mercados, y me sorprende como es posible que por su ignorancia, se vean atrapados en asuntos financieros de difícil solución. Pienso que los motivos pueden ser por estar creídos, en que el estado de bienestar consiste en que "Papá Estado" lo tiene que solucionar todo. Yo pido una hipoteca para comprar un piso, sin antes haber pensado que una trampa "hipoteca" para pagarla en 25 años, no cabe en cabeza ajena. ¿ Cuantas cosas puede ocurrir en este largo tiempo que me impidan poder cumplir este compromiso?. Son infinitas, pero creo que no solo es culpa del Señor que pide esta hipoteca, no, es también el Banco que se lo concede, si el Banco el tiempo mas largo que debiera formular en un compromiso de hipoteca, no debería pasar de cinco años. ¿ Porque? . Muy sencillo, porque si esta norma se hiciera ley, las personas no abusarían de su libertad. Con ello hoy no se darían la cantidad de desahucios que vemos cada día. Tirando a la calle familias enteras, con acianos y niños pequeños, que no tiene donde caerse.

¿No hubiese sido más sencillo alquilar un piso con arreglo a sus necesidades y formas de pago?, que esta ruina de cientos de familias. ¿Dónde están las cabezas pensantes de los Bancos?. Puro egoísmo por ambas partes.
De la misma manera, encuentro la forma de gobernar, ¿Por qué hoy todos los españoles tenemos que soportal esta tremenda deuda, sin antes no mirar que el dinero tenemos que devolverlo, y con unos intereses tremendos?. Es cosa de un gobierno tonto, torpe, aprovechado, sea como sea, la culpa de esta deuda, no la tenemos los currantes que pagamos nuestros impuestos, si no de unos gestores que ocupando unos puestos que nunca deberían haber ocupado, han dilapidado y han empobrecido a un país para mucho tiempo.

Por esto no es tiempo de arreglar la situación haciendo huelgas, y detrás de una pancarta, la pancarta que tenemos que poner, es grabar en nuestra mente, la idea de saber quienes deben ser los gobernantes que son los más capaces de hacer las cosas bien hechas, y no ocupar puestos que no sean capaces de resolver.

Nuestro mercado es inmenso, podemos imaginar los millones de clientes que diariamente han de consumir algún producto, bien sea de alimentación, vestido, o de salud, transporte, etc.etc. Lo que para abastecer estas necesidades, también hacen falta los medios que den este servicio, y es por esto la creación de empresas y medios de distribución que se ocupen de dar los servicios mencionados.

Pero una de las recomendaciones que aquí exponemos, es la siguiente: Ser competitivo, ya que a nuestro alrededor son muchos los interesados en promover la competencia, y si nuestro producto, no lo tratamos con la confianza que merece, dejará de ser competitivo y pasará a ser una mercancía, de poco interés y por lo tanto otro ocupará su puesto, en la actualidad estamos viendo ejemplos de empresas que se iniciaron como pequeñas hoy han alcanzado niveles muy altos y con ello han logrado ocupar puestos de primer orden, y lo más importante es que su fortaleza, se traduce en la creación de puestos de trabajo, que es lo primero que una gran empresa ha de tener en cuenta, a la vez que al mismo tiempo se ocupa de abrir nuevos mercados en otros países.

Estudiando estadísticas de cómo han prosperado en otros lugares empresas manejadas y dirigidas por Españoles, quiero resaltar que las condiciones personales y bien recibidas por nuestros antepasados, han ido trasmitiendo de generación en generación muchas virtudes que en otras partes no tienen, y que solo con repasar las estadísticas, vemos como hay una diferencia de superación, en el comportamiento de su valor, muy superior, y esta valía, les ha servido para que Españoles que han sido contratados para dirigir grandes empresas, han demostrado aquel denominador común, que la raza ibérica posee, como un don especial. Se ha dado el caso de niños pequeños, que empezaron vendiendo periódicos, a lo largo del tiempo, han terminado como empresarios de primer orden, lo que demuestra, que una de las mejores cualidades que la raza ibérica posee, es la adaptación y el interés que pone, cuando encuentra entre sus manos la posibilidad de poder demostrar lo que de verdad lleva dentro.

España ha sido quizás por su situación estratégica, un lugar donde infinidad de razas de tipo comercial invadieron nuestra península, cuando el comercio era la única forma de vida que podía hacer posible la supervivencia en aquellos tiempos, y precisamente por esta mezcolanza de razas, nos han trasmitido los genes que llevamos dentro, y que dan origen, a la plusvalía que en si tenemos que reconocer.

Yo he formado vendedores que jamás avían vendido ni un caramelo, y una vez que aprendieron, las reglas del juego, se convirtieron en unos verdaderos empresarios, y cada día conocen mejor aquel crucigrama, que les parecía vender una determinada mercancía. Lo que me enorgullece, y con la idea puesta, en que muchos de los interesados en este libro, puede que les anime a iniciarse en esta profesión, puesto que la idea que me ha inspirado a publicar este libro, solo tiene una idea concreta, ayudar a todas las personas, a establecerse por su cuenta, sin tener que soportar por mucho tiempo la situación, de no encontrar trabajo, el tiempo pasa y pasa, y los nervios y el sufrimiento les lleve a situaciones muy delicadas.

En cualquier momento es bueno para conocer nuevas estrategias, y por aquello de que agua parada no mueve molino, lo más conveniente es aprovechar el tiempo, de la manera más provechosa. Hoy son muchas las personas que pierden su puesto de trabajo, y el problema que se le presenta es perder el medio de vida que le valía para poder hacer frente al mantenimiento de su familia. Y a este problema yo diría: No hay mal que por bien no venga. Y si una puerta se cierra otra se abre. Con este libro te abro la puerta para que de inmediato, conozcas un medio por el cual te puedes crear tu propia empresa, y para empezar, no has de invertir ni un solo euro, solo has de ponerte en contacto con cualquier empresa que te acoja como agente comercial, y día a día, ir puliendo lo que en este libro te recomiendo, y ya verás como a la vuelta de unos meses, habrás recuperado y conocido otro mundo, y espero que si lo consigues, lo hagas saber a tus amigos que lo mismo que tu se encuentren, de brazos cruzados.

El saber no ocupa sitio, pero si abre muchas puertas, hoy es preciso tener una gran fortuna en conocimientos, principalmente en lenguas, conociendo dos o tres idiomas, nos abre la puerta a encontrar otros lugares para poder desarrollar nuestros conocimientos, estos son los tiempos que corren, y lo estamos viendo cada día en aquellas personas que dominan dos idiomas son buscados y colocados en buenos puestos de trabajo. Estamos en una recomposición de los Estados de Europa, y en su composición, está la del libre mercado, con lo que nuestro campo para poder ejercer algunas de las actividades que hoy solicitan nuestros socios, es una de las más importantes, el dominar dos idiomas. Aprender un idioma nuevo puede que con un pequeño esfuerzo, en cuestión de dos años lo tengamos medio dominado, lo importante es proponérselo y no perder el tiempo, porque los tiempos obligan, y el pez que se duerme se lo lleva la corriente, según un refrán verdadero, muchos chicos y chicas, creen que con los estudios que han realizado en el colegio y en la universidad, con eso están capacitados para enfrentarse a dominar un puesto de trabajo en las empresas que hoy navegan por el mundo. Ya se está poniendo en practica la formación de jóvenes en la empresa Repsol y también en el Banco Santander, estas dos empresas se han dado cuenta que si quieren tener en sus plantillas de operarios personas solventes y dominantes de su trabajo, han de formarlos la misma empresa. De este requerimiento ya hago mención en mi libro, sobre el sistema que se debería de introducir en los colegios, para conocer la inclinación que cada alumno tenga, y a partir de los 16 años entrar como aprendiz en una de las muchas empresas que hoy no pueden perder el tiempo en formar al personal. Esta necesidad yo la deteste cuando pedía personas para incorporarlas a la plantilla, y me encontraba con que la mayoría de los jóvenes que se presentaban todos tenían estudios superiores, y carreras terminadas, y para poderles dar una oportunidad se les sometía a realizar varias pruebas acompañando a otras personas que ya eran expertas en la profesión, lo que con mucha mano izquierda, no se dejaban solos y su trabajo lo realizaban bajo la batuta de un Jefe de Equipo.

Y cuando estos jóvenes después de varias operaciones acompañando a un experto ellos mismos podían comprobar de que forma se las habían de arreglar para alcanzar el mismo estilo y profesionalidad que su jefe de equipo les enseñaban, se daban cuenta que su cultura aprendida en la universidad solo era un componente para ayudarles a completar su valía, para ganarse la vida con gusto y deportividad, en una rama profesional que nunca habían soñado.

Se puede intentar una y mil veces, pero la constancia, el coraje, y el amor propio, hasta conseguir lo que de verdad en el trabajo nos haría felices, es la base más importante que tenemos que mantener, y por muchas veces que lo intentemos, nunca hemos de tirar la toalla y darnos por vencidos. Y como el saber no ocupa sitio, lo que hoy vas aprender es la mejor lección que la enciclopedia de la vida hoy te puede dar. Pero no dejes para mañana lo que puedas hacer hoy, porque "el que de joven no trabaja de viejo duerme en paja".

LA UNIDAD ES LA SOLUCIÓN

Para terminar quiero incluir en mi argumentación, los comentarios que realizó Joseph Harriss. Sobre la Unión Europea: Señor Presidente: ¿Cuáles son, a su juicio, los principales logros de los primeros años de la Comunidad Económica Europea?,
RESPUESTA.- El primero es que se ha producido una auténtica reconciliación franco-alemana. No solo se ha dejado de hablar de guerra en la Europa occidental, sino que un conflicto bélico entre los actuales miembros de la Comunidad se ha convertido en algo inimaginable. En segundo lugar, hemos conseguido crear en esta Europa fragmentada una zona relativamente unida, que constituye un mercado de casi trecientos millones

de habitantes, regida por una política antimonopolio común.

Tanbien hemos creado políticas comunes para la agricultura y el desarrollo, y hemos hecho progresos substanciales en cuanto a la coordinación de políticas y programas de gastasen otros campos. Además de esos elementos esenciales, estamos ahora en los comienzos de un sistema monetario y una política comercial comunes, orientados al resto del mundo. En el terreno de la cooperación política, durante los últimos diez o doce años hemos conseguido una coordinación intergubernamental más estrecha en todo tipo de cuestiones, incluida la política exterior. Finalmente, no se debe olvidar el poderoso influjo que la Comunidad ejerce sobre otros países, ya que representa una especie ideal democrático.

PREGUNTA- ¿Cuáles han sido las mayores desilusiones?. Mi mayor pesar es que el espíritu del Tratado de Roma no se haya desarrollado en la medida que podría haberlo hecho. Ciertamente, hemos eliminado muchas barreras que obstaculizaban el libre tránsito de mercancías y personas, pero, en lo referente al establecimiento de nuevas políticas, nos hemos estancado. Por ejemplo, estamos avanzando muy lentamente hacia una auténtica unión económica y monetaria europea, que incluya una única moneda llamada Euro, debido a las dificultades que ese paso entraña. En el campo energético, por poner otro ejemplo, y a pesar de dos crisis del petróleo, estamos todavía en los inicios de establecer una política común.

PREGUNRA.- ¿Por qué no se han cumplido las expectativas depositadas en la Comunidad para la unidad europea?. Fundamentalmente, porque no hemos tenido ni la imaginación ni la voluntad de triunfo de los fundadores de la organización. La idea de hombres como Jean Monnet y Robert Schuman era comenzar con la integración económica y, a continuación, alentar la unificación política. Pero el problema radica en que el proceso no es automático, ya que es necesaria, además, una voluntad política.

Hoy día, cuando la Comunidad se enfrenta a la situación económica más difícil de su historia, el movimiento hacia la unidad se ve obstaculizado por el énfasis que los estados miembros ponen en los temas puramente mercantiles. Todos se preguntan: ¿Qué gano yo con esto?. Me temo que la idea europea peligre si olvidamos el objetivo de la unidad política y permitimos que la Comunidad degenere en una especie de cámara de comercio internacional.

PREGUNTA.- Se esperaba que la elección directa de los miembros del Parlamento Europeo, que se inició en 1979, daría un nuevo impulso a la unión

política, ¿ha sido así?. Las elecciones directas aportan una dimensión democrática a la Comunidad, pero, desgraciadamente, los estados miembros se negaron desde el principio a conceder al Parlamento ningún poder real, por temor a perder de la propia soberanía. Al carecer de un auténtico papel legislativo, éste hace a veces girar sus ruedas en vacío, en vez de servir de motor político de Europa. Uno de los problemas es que puede haber discrepancias políticas entre los partidos nacionales y sus equivalentes del Parlamento Europeo, y que las alianzas de partido en éste cambian en ocasiones, según el tema de que se trate.
De este modo, pueden darse situaciones incongruentes, tales como que conservadores y comunistas voten juntos contra cristianos demócratas y socialistas en una cuestión concreta. Esta falta de coherencia de partido hace difíciles de comprender las tareas de dicho Parlamento e impide que el público las tome en serio.

PREGUNTA.- Parece lógico pensar que en tiempos difíciles como los actuales, los estados miembros tiendan a solidarizarse. Pero en realidad, parece haber un incremento del proteccionismo y el nacionalismo, ¿es así?.
Desgraciadamente, cuando amenaza la tormenta, cada uno se apresura a cobijarse en su propio refugio. La mayoría de los países miembros están tratando de mejorar su balanza de pagos a costa de

la de sus vecinos. Por citar sólo un área, la de los productos agrícolas, hemos sido testigos recientemente de cómo Gran Bretaña trataba de impedir las importaciones de pavos franceses imponiendo nuevas normas, de cómo Francia cancelaba las importaciones de vinos italianos haciendo uso de subterfugios aduaneros, y de cómo los italianos obstaculizaban las importaciones de huevos por motivos de higiene. Esto es muy perturbador, porque las ventajas inmediatas de las medidas proteccionistas son insignificantes comparadas con su coste político. Ahora más que nunca, la única solución para los problemas que aquejan a Europa es una mayor unidad.

PREGUNTA.- ¿ Cual considera que debe ser el próximo paso hacia dicha unidad?.
En la década de 1950, sabíamos por qué deseábamos una Europa unida: para poner fin al antagonismo franco-alemán. Hoy día no parece que estemos todos de acuerdo en cuáles son los objetivos de la Comunidad y en cómo pueden lograrse. Esa es la razón por la que creo que ha llegado la hora de que los estados miembros adopten posturas comunes sobre los principales problemas de la comunidad en la actual década y a más largo lazo. El resurgimiento comunitario sólo puede lograrse al más alto nivel, en una especie de nueva Conferencia de Mesina, la reunión que, en

1955, estableció los fundamentos de la Comunidad Económica Europea.

PREGUNTA.- Esa falta de unidad afecta también a la política exterior. Europa rara vez parece capaz de hablar con una única voz, especialmente con los Estados Unidos y la Unión Soviética. ¿Qué opina usted?.
Debido a nuestros distintos orígenes e idiosincrasia, tenemos algunas dificultades a la hora de adoptar posturas comunes de cara a las superpotencias. A pesar de todo, hemos conseguido recientemente una gran cohesión en ciertas materias. Considere nuestro apoyo unánime a la política norteamericana en el Líbano y el Oriente medio. Por otro lado, hemos adoptado una postura firme sobre el gasoducto siberiano, al que se oponen los Estados Unidos.

PREGUNTA.- Algunos funcionarios comunitarios afirman públicamente que las relaciones con los Estados Unidos están en su peor momento desde la Segunda Guerra Mundial. ¿Cómo pudo deteriorarse tanto la situación?.
Eso me gustaría a mí saber, y me contraría mucho este estado de cosas. Quiero subrayar que sentimos por los Estados Unidos la misma amistad de siempre y que estamos decididos a evitar cualquier < escalada> hacia una nueva guerra comercial. Ha habido malentendidos por ambas partes. Nuestras

diferencias de criterio, sobre el acero, la agricultura y el gasoducto siberiano, indican que, en cuestiones de importancia vital, la Comunidad y los Estados Unidos deben consultarse mutuamente antes de actuar. Los norteamericanos no deben pasar por alto que Europa posee pocas materias primas y que, por tanto, en lo referente a las transacciones comerciales depende de otros países en mucha mayor medida que los Estados Unidos. En el 1980, por ejemplo el comercio exterior ascendió a sólo el nueve por ciento del producto nacional bruto norteamericano, mientras que éste alcanzó el veinticinco por ciento del comunitario. Los Estados Unidos no deben poner en duda que nuestra principal preocupación es reforzar la unidad occidental, y que no haremos nada por socavar el papel natural que desempeñan como líder de Occidente.

PREGUNTA.- No obstante, hay personas que afirman que Europa debería tener una política de defensa común, especialmente ahora que ciertos legisladores norteamericanos piden la retirada de sus tropas del continente europeo.
Como presidente de la Comisión, no puedo hablar de modo oficial sobre temas de seguridad. Pero mi opinión personal es que Europa no podrá alcanzar la unidad política sin una visión conjunta sobre temas tan fundamentales como la seguridad y la defensa.

No digo que deberíamos tener un ejército común o abandonar la Alianza Atlántica. Quizá recuerde que, hace algunos años, se hablaba de la creación de dos pilares en la Alianza, el norteamericano y el europeo. Creo que sería deseable constituir y desarrollar el pilar europeo.

PREGUNTA.- Veamos el funcionamiento interno de la Comunidad. Con miembros tan distintos como Francia y la Alemania Occidental, por un lado, y Grecia e Irlanda, por otro, ¿cómo puede esperarse que todos los países participen en los mismos programas?.

Una de nuestras principales tareas consiste en encontrar una solución intermedia entre una especie de camisa de fuerza europea, en la que todos los estados miembros estén obligados a someterse a una política común, y la peligrosa noción de una Europa < a la carta>, en la que los países integrantes se limiten a elegir egoístamente entre los distintos programas sin tener en cuenta el entramado comunitario. Si no queremos ser destruidos por nuestra diversidad, tenemos que ser más flexibles.

Una medida concreta que se debería tomar inmediatamente es el retorno a la regla mayoritaria en el Consejo de Ministros. Según establece los términos del compromiso de Luxemburgo de 1966, la mayoría de las decisiones del Consejo se han adoptado por unanimidad. Incluso las decisiones sobre cuestiones secundarias pueden verse bloqueadas si un único país miembro no está de acuerdo. Por ejemplo, no hace mucho se tardó varios días en decidir si se importaban sesenta o setenta mil toneladas de carne de vacuno de terceros países. Por fortuna, hay indicios de que vamos a restablecer la votación mayoritaria. Cuando Gran Bretaña trató de cerrar el paso a un acuerdo general sobre precios agrícolas hasta que se redujera su contribución al presupuesto comunitario, tubo que ceder a la presión de la mayoría.

PREGUNTA.- Pero eso fue a costa de una grave crisis en el seno de la Comunidad. ¿Cuáles son en la actualidad las perspectivas de obviar las objeciones británicas a la cuantía de su contribución?
A nuestros amigos británicos les parece excesiva su aportación, pero no todos están de acuerdo. Estamos haciendo serios esfuerzos por resolver el problema británico. En realidad, Gran Bretaña ha estado recibiendo más beneficios que los que esperaba. Nuestras cifras revelan que, en 1980, contaron con novecientos millones de dólares más de lo que se había estipulado. Por supuesto, persiste el problema del desequilibrio presupuestario, pero si los estados miembros van adoptar la actitud mezquina del tendero acerca de lo que se paga y lo que se recibe, la Comunidad nunca funcionará.

PREGUNTA.- Ahondando en el mismo tema, la Alemania Occidental se queja de ser el mayor contribuyente de la CEE. ¿Prevé una reforma presupuestaria que cambie la situación?

Siempre digo a mis amigos alemanes que me encantaría ser el que pagase más impuestos, ya que ello querría decir que era el más rico. Por ser una nación acaudalada, es natural que Alemania sea quien más pague al presupuesto comunitario, aproximadamente el veintiocho por ciento del total. Lo que debemos hacer no es reducir la aportación germana, sino convencer a sus autoridades de que no malgastamos su dinero. Como presidente de la Comisión, no dejo de buscar la forma de reducir los costos comunitarios, en especial los subsidios a los productos agrícolas. Esto llevará varios años, pero le aseguro que existe la voluntad de recortar los costos.

PREGUNTA.- Algunos estados miembros están insatisfechos acerca del costo de los subsidios agrícolas, que forman parte de la política agrícola comunitaria. ¿Existe alguna esperanza de llegar a reformar dicha política?.

Hemos estudiado mucho nuestra política agrícola con objeto de ver sus necesidades de adaptación. Sus objetivos y principios generales siguen siendo válidos, pero debemos controlar sus costos de un modo definitivo y corregir ciertos abusos. Por ejemplo, estamos pidiendo a los agricultores que asuman una mayor responsabilidad respecto al superávit de su producción. Los cambios de dicha política agrícola una mejor comercialización y unas condiciones más favorables en el mercado mundial nos han permitido ahorrar unos dos mil millones de dólares en los dos últimos años. A más largo plazo, tenemos la intención, por ejemplo, de equiparar de un modo gradual los precios de los cereales comunitarios con aquellos de nuestros principales competidores. Esto constituye una importante reforma de nuestra política agrícola común, de la que se derivarán substanciales ahorros presupuestarios.

PREGUNTA:- ¿Será posible algún día reconocer a la UE, como los Estados Unidos de Europa?,
Sobre eso ya se han dado pasos importantes, con la creación de la moneda del Euro, y la formación de un Banco Central Europeo, que posibilita el control del gasto, y ayuda a corregir los desniveles económicos en cada uno de los 27 países. Siempre que para corregir los presupuestos que cada uno de los países ha de presentar y ser aprobado. También se está corrigiendo los déficit que algunos países, cómo Grecia, Italia, España, Portugal, e Irlanda. Lo que está suponiendo un retraso en el segundo escalón, que en aproximas fechas será aprobado

para que sus economías, no tengan que ser rescatadas, y sus balances se ajusten a su crecimiento.

www.ingramcontent.com/pod-product-compliance
Lightning Source LLC
Chambersburg PA
CBHW060826170526
45158CB00001B/92